# YOGA FOR MAMA & BABY

DVDつき 不安なく産む

# 産前産後のリズムヨガ

妊娠4ヵ月から産後まで



浜田里佳
RICA HAMADA

講談社

# はじめに

## ママとベビーによいリズムが生まれ、親子の絆が深まるようなよりよい妊娠、出産、産後のために

今日もスタジオに通う生徒さんから、出産報告が届きました。女性にとって、人生の大きな経験となった出産をひとつひとつ振り返るように思い出し、丁寧に報告をしてくれます。私はいつも感動でいっぱいになります。

お産は本当に人それぞれです。そして産まれてくる赤ちゃんもそれぞれです。母子ともに、健康で、無事なお産になること。それが一番です。「私にとって満足のいくお産でした！」「出産時、呼吸法やポーズが役に立ちました！」など嬉しい報告をいただきます。

お腹の中に命を宿して、その命が女性のお腹の中で育って、母子ともに最大限の力を使って産まれる。すごいことだと思います。妊娠期から母と子の絆を深め、だんだん変化していく体と心を整えて、赤ちゃんの無事を祈ってお産に挑む。しっかり調整をした母親は、どんな状況になっても「この子を産む！」という力がお腹の底から湧き、力を振り絞れる。母は強しです。母親にとって満足のいくお産は、よい子育てへとつながっていくと思います。母としてのスタートが、そしてお子様にとっての人生のスタートがよりよいものになるように、お手伝いがしたくてこの本とDVDを作りました。

ヨガにとって、お産にとって、子育てにとって、大切なのは呼吸（リズム）です。このリズムを整えることが、素晴らしい力となり、出産、産後と大変なときに役に立つことでしょう。妊娠、出産、産後という時期は、女性の体がダイナミックに変化するときですが、もともとある歪みやねじれを調整したり、体質や体型を改善したりできるチャンスでもあります。そのためには産前からの準備と産後直後の調整が重要です。

この本とDVDには、妊娠中から産後まで、ヨガだけでなく、毎日取り入れたいママとベビーのためのケア法がぎっしり詰まっています。親子ともによいリズムで、出産や育児がよりよくできるように、この本とDVDをぜひ活用してください。

**浜田　里佳**

20代からモデルとして活動しながら、ヨガや気功、アーユルヴェーダなどの知識を蓄え、2003年よりヨガの指導を始める。現在はママになるためのヨガやマタニティヨガ、産後ヨガ、ベビーヨガなどの指導を通して、ママとベビーの幸せな未来作りをサポートしている。

Studio Mata（スタジオ マータ）
東京都渋谷区恵比寿1-30-15
site202
mata@fairica.com
www.fairica.com

ヨガがママとベビーに
必要な理由 ——— 1

# 理想の妊娠・出産とは?

## YOGA FOR MATERNITY

初めてお腹の中に小さな命を宿したママは、大きな嬉しさと同時に「お腹の中で健康に育ってくれるかな？」「無事に産む事が出来るかな？」などたくさんの不安でいっぱいになります。

年齢や生活環境、体質や骨格などの違いもあり、お産は人それぞれ。ヨガのポーズや呼吸法、瞑想法を続けていると、妊娠中、毎日変化していく不安定な体と心をバランスよく調整する事が出来ます。不安な気持ちが少しずつ解消され、妊娠中の不快症状も楽になり、お産に向けて体がだんだんと作られていきます。ゆったり心を静める瞑想法はお腹のベビーとのコミュニケーションを深め、母としての自信がうまれてくるようにも。

母子ともになるべく体に負担がかからない、器具や薬を使わず、傷や痛み、出血などの少ないお産が理想です。病院はあくまでもサポートしてくれるだけと思って、出産時は自分を頼りにするしかありません。もともと女性の体に備わっている「産む力」とベビーの「産まれ出る力」を発揮できるように、ヨガを通して、変化していく自分に向き合い、受け入れ、調整し、体力をつけてお産に必要な強さと柔らかさを養っていきます。ベビーを産み出してくれる陣痛というリズムに自分の呼吸のリズムを合わせて、痛みや不安も和らげることができることでしょう。

## ヨガがママとベビーに必要な理由 —— 2

# 理想の産後とは?

YOGA FOR AFTER CHILDBIRTH

女性として大仕事の出産が終わったと同時に、休む間もなくベビーのお世話や授乳が始まります。

妊娠中、だんだんと大きくなっていったお腹が急に空っぽになり、骨盤は開き、重心は定まらない状態。お産や育児の疲れと、体やホルモンバランスの急激な変化で気持ちも揺らいで、リズムも乱れがちです。妊娠中に体をしっかり作っていた人は、産後の回復も早く、体型も戻りやすく、母乳も出やすい状態です。産後、問題がなければ、お医者様の許可を得て、産後すぐからのケアを行う事ができます。産後3週間くらいは忙しい育児の中でも、なるべくゆったりと横になる時間を多くして、座り方や立ち方などの生活から気をつけましょう。その間に産後直後のヨガを行い、体の土台をつくれば、女性として美しく、生き生きと子育てを楽しむ事が出来るでしょう。

産後すぐのケアとリズム呼吸、リズムヨガは心にゆとりを持たせ、体の歪みを改善し、たるみやゆるみを引き締めます。体力と気力を充実させ、抱っこや授乳による肩こりや腰痛、猫背や腱鞘炎、母乳トラブルなど産後のマイナートラブルも軽減されます。産後の忙しいときだからこそ、ヨガでほんの少しでも自分と向き合う時間を作り、育児を前向きに楽しんでください。

## ヨガがママとベビーに必要な理由 ――― 3

# 理想の発育とは?

YOGA FOR CHILD CARE

子宮という安定した場所からこの世に誕生したベビーは、誰かの助けがないと生きていくことができません。

産まれてからもお腹の中で感じていたようにママを感じることでベビーは安心します。ママに抱っこされたり、子宮の中を再現するような「きゅきゅっとおくるみ」をされたりすることで体も心も落ち着き、寝かしつけも楽になります。

産まれてすぐは、母乳がしっかり飲めなかったり、消化不良や便秘、向き癖がついてしまったり、なぜ泣いてしまうのかわからなかったり、ママにとって不安なことだらけです。でもそんなママの不安をベビーは感じ取ります。ママの呼吸を深くする産後直後のリズム呼吸で気持ちを安定させて、ベビーと触れ合いましょう。リズム呼吸をしながらベビーと触れ合い、アイコンタクトをしながら自由に動かせない体を動かしてあげると、ベビーは体が楽になり、気持ちも満たされ、リラックスする方法を自ら覚えていくでしょう。

ベビーは急激に体も心も脳も発達しますが、その成長に合わせたほんの少しのケアが必要です。特に１～２ヵ月間はママもベビーも大切な時期。慣れない育児で大変ですが、だからこそ、ほんの少しのリズムケアで気持ちに余裕がうまれます。愛情深まるベビーとの新しい生活を楽しんでください。

# 私が里佳先生のヨガを選んだ理由

先生と出会って、
**〝ゆるめる〟ことの大切さに**
**気づけました。**
私は体が緊張してこわばりやすいので、
自分も子どもも〝ゆるめる〟ことを意識的に
行っていこうと思います。

吉田英美さん（31歳）
篤隆くんのママ

先生のヨガクラスに通ってから、
**〝出産は痛いもの、辛いもの〟**
**というイメージやナーバスな**
**気持ちがすっきり払拭。**
**〝いいお産にしたい〟という**
**プラス思考にチェンジできました。**
そして実際に、理想通りの素晴らしいお産に。
〝骨盤呼吸〟は、出産本番で本当に役立ちました！

佐藤亜矢さん（33歳）和也くんのママ

時に厳しく、でも
愛情のこもった指導を
受けることができ、
本当にラッキーでした。
**教えてもらった呼吸法で**
**マインドを鎮めて、リラックスする**
**ことができるように。**出産はもちろん、
**子育て中の今もとても**
**役立っています。**

小松喜代江さん（39歳）
みなちゃんのママ

呼吸法や産むときの姿勢などの指導を受けていたので、
**分娩台に上がったとき、冷静に**
**出産に臨めました。産院の先生や**
**助産師さんが驚くほど安産だったのは、**
**自信と安心を与えてくれた**
**浜田先生のヨガのお陰！**

藤江恭子さん（35歳）
れいあちゃんのママ

# INDEX

# この本の使い方

| | 産前 | | | 出産 |
|---|---|---|---|---|
| | 妊娠15週~ | 30週~ | | |
| ママ | リズムヨガ<br>DVD Pre1 BOOK P22~<br>毎日やりたい基本のヨガ<br><br>マタニティヨガ<br>産む力をつけるヨガ<br>BOOK P32~ | ●妊娠線のケアをしましょう BOOK P28<br>●逆子は戻しておきましょう BOOK P28 | | ●呼吸法でのりきりましょう BOOK P17~18<br>●マッサージでお産をのりきりましょう BOOK P56~57 |
| ベビー | | マタニティヨガでベビーとコミュニケーション！ | | |

**ATTENTION!**

上記のスケジュールはあくまでも目安です。妊娠中の体調や産後の回復、ベビーの成長には個人差もあるので、自分の体調やベビーの成長に合わせて、無理のない範囲で行いましょう。不安なときは、自己判断せずに、医師と相談をして許可を得てから始めましょう。

# 1冊で妊娠・出産・育児までトータルでケア

## 産　後

| 出産当日 | 2日目 | 3日目 | 1週間～ | 2週間～ | 4週間～ |
|---|---|---|---|---|---|
| ●産後当日のケア BOOK P60 | ●産後2日目のケア BOOK P62 | ●産後3日目のケア BOOK P69 | ●産後7日目のケア BOOK P71 | ●産後2週間目のケア BOOK P73 | リズムヨガ ↓ 毎日やりたい基本のヨガ DVD Pre 1 BOOK P22～ |
| 産後ヨガ → ↓ ママの体と心をケアしましょう BOOK P60 | リズム呼吸 → ↓ 気持ちが整う呼吸法 DVD Pre 2 BOOK P60～ | | | | |
| | ベビーのケア（きゅきゅっとおくるみ）→ DVD PART 1 BOOK P86 ↓ ベビーの心が落ち着きます | ベビーリズムヒーリング → DVD PART 2 BOOK P88 ↓ ママとベビーのコミュニケーション | | ベビーリズムヨガ → DVD PART 3 BOOK P89 ↓ ベビーのお悩みも解決！ | 8週間～ ベビーリズムマッサージ DVD PART 4 BOOK P90 ↓ 元気で健康な子に育てましょう |

# ヨガを始める前に

妊娠中や産後すぐのママやベビーの体は変化の大きな時期です。日々、変化するママとベビーの体と心の状態をみながら、心地よいと思える範囲で行いましょう。

## 産前のマタニティヨガ

### POINT 1 基本的に妊娠中期（安定期）に入ってから行いましょう

妊娠初期は、吐き気や疲れを感じることが多く、これらの症状が落ち着く、安定期に入った15〜16週目から行いましょう。問題がなければ、ベビーが産まれるときまで行えます。医師の許可を得てから行うと安心です。また、妊娠初期は、呼吸法やリラクセーションのポーズを。つわりやお腹のハリが強いとき、安静が必要な場合でも、これらのヨガを行うことで、体と心が落ち着くのでオススメです。

### POINT 2 食事直後や入浴中、入浴直後は避けましょう

基本的にヨガを行う前、1〜2時間は食事を控えましょう。血行が高まる入浴時や入浴直後も控えます。夕方から夜にかけてはお腹が張りやすいので、なるべく日中に行うとよいでしょう。

### POINT 3 体調がすぐれないとき、お腹のハリが続くときはお休みを

切迫流産や早産のおそれがある人、子宮頸管が短い人、仙骨に強い痛みがある人、お腹のハリが続いている場合や出血がある場合には行えません。妊娠中はホルモンの影響で靭帯がゆるみやすくなるので、長時間のポーズのキープなどは、無理をしない範囲で行いましょう。

# 産後のママヨガ

## POINT 1 産後の体は急激に変化中。お医者様の許可を得てから始めて

通常、産後ヨガは産後４週から６週を過ぎて始めるものですが、本書では出産後すぐから行えるケアを紹介しています。帝王切開の場合は、傷や痛みがある程度治まってから行いましょう。熱や出血がある場合は行えません。

## POINT 2 産後3週間までは無理はせず仰向けのポーズを中心に

産後の体を回復させるために、産後３週間くらいまではなるべく寝て過ごし、無理のない産後ケアで体の土台を作りましょう。この時期に無理は禁物。まわりの人に甘えられる環境づくりを。立ったり座ったりする姿勢を意識することも大切です。

## ATTENTION!

### 特に気をつけたいこと

- □ 妊娠中の体の変化、産後の経過には個人差がある
- □ ヨガは体が安定する、スムーズに動ける場所で行う
- □ 体を締めつけず、ゆったりと動ける服装で行う
- □ ヨガ後はリラクセーションポーズでクールダウンを

本書は産前・産後ともに一般的な体の変化に沿って構成しています。これを目安として、あくまでも自分の体調に合わせて行ってください。ヨガの途中で体の異変を感じた場合は中断してください。なるべく広い空間と余裕のある時間を確保しましょう。産前も産後も、骨盤ベルトなど締めつけるものは外して行います。

# マタニティヨガ 1 Q&A

## Q マタニティヨガは妊娠中期も後期も同じポーズをやって大丈夫？

**A** 本書では安定期から出産直前まで行えるポーズをセレクトしています。全身のバランスを整えるプログラムとなっていますので、ご自分の心地よい範囲で行ってください。お腹が大きくなってやりづらいポーズは、クッションなどを利用して無理のない範囲で行いましょう。

## Q マタニティヨガはどのくらいの時間やればいいの？

**A** ヨガは毎日忙しく働く思考をしずめていくことが大切です。DVDの30分間、リズムヨガを準備運動として、そのあと30分～1時間を目安にゆったりと深い呼吸で行うと、体も心も整いやすく、頭の中もスッキリします。テレビや携帯電話など集中力を妨げるものは切っておきましょう。

## Q 逆子の状態でヨガをやってもよいの？

**A** 逆子の場合でも行えます。緊張や冷えがあると逆子になる場合があるので、ヨガをして、ゆったりと深い呼吸を行いましょう。目や頭を使いすぎず、足湯やレッグウォーマーなどで下半身を温めましょう。※30週目以降で逆子の場合は、P46～47のポーズは控えてください。

## Q お腹が張るときはどうすればいいの？

**A** まずは呼吸を深めて、リラックスを心がけましょう。マタニティヨガ中にお腹が張った場合は、横になって休みましょう。リラクセーションのポーズがオススメです。お腹のハリや不調が続く場合は、必ず医師に相談しましょう。

Introduction

# YOGA BASIC

これだけはまず覚えましょう!

# ヨガの基本

## すべての基本となる姿勢・呼吸法

マタニティヨガやリズムヨガ、産後のケアを行うにあたり、まず知っておきたい基本の姿勢と呼吸法について解説します。これらをきちんと身につけることで、ヨガの効果・効能を高められるので、正しい方法をマスターしてから始めましょう。

## 基本の姿勢

ここではもっとも基本的な座り方をご紹介します。座った状態のヨガ、呼吸法はこの姿勢で行います。簡単なようでいて意外と意識すべきポイントはたくさん！

FRONT

SIDE

### 正しい座り方のコツを覚えましょう

床に座ってひざを曲げ、あぐらの姿勢をとります。左右のお尻を安定させ、腰が反りすぎたり丸くなったりしないように腰を立てます。骨盤底筋群を意識して、少し引っ張り上げるように背筋を伸ばし、肩の力を抜きましょう。産後すぐは正座がオススメです。

\NG/

CHECK!

### 座った姿を横から鏡に映してチェックしてみましょう

産前・産後は腰が反りすぎたり、猫背になりやすいので注意して。中心軸を意識して胸を少し開き、あごを少しだけ引いて、頭頂がスッと伸びるように意識しましょう。

\NG/

できない人は
これでOK!

ひざが浮いて体が安定しない、体をまっすぐに起こせないという人は、座骨の下にタオルや座布団を挟むと腰を立てやすくなります。

# 基本の呼吸

ヨガを行う上で、呼吸法はとても重要なもの。呼吸が整うことで、体がリラックスできて精神も安定します。陣痛や出産時の痛みは呼吸法によって軽減できます。

## 「腹式呼吸」

妊娠中はお腹の
赤ちゃんを感じて
呼吸を届けるように

基本の姿勢で座り、お腹に手を当てて肩の力を抜きます。まず、お腹をゆっくりへこませるように鼻から息を吐きます。次にお腹をゆるめて鼻から息を吸います。お腹が大きくふくらんで内臓も活性化します。吸う息よりも吐く息に意識を向けて細く長く吐く呼吸を繰り返します。普段の生活でも意識したいリラックス効果の高い呼吸法です。

**POINT** **細く長く吐ききれるように、吐く息に意識を向けて**

## 「ポーズの時の呼吸」

ゆっくりとした動作で
体の動きと呼吸を
合わせましょう

鼻から吸って鼻から吐く腹式呼吸が基本です。動作と呼吸を合わせて動きます。ポーズをキープしている間は自然呼吸で、響いている部分に意識を向けてゆったりと流れるような呼吸が理想的です。1つのポーズが終わったら深い呼吸でリラックスし、次のポーズへ移ります。その日の自分のリズムを感じとり、心地よい呼吸を繰り返しましょう。

**POINT** **妊娠中と産後3週間くらいまではお腹に力を入れすぎないように**

# 「完全呼吸」

気持ちが
前向きになる
呼吸法

腹式呼吸のあと、片手を胸に当てて今度は胸まで空気をとり入れる呼吸法です。まずお腹から息を吐ききって次に吸う息でお腹、胸、肩のほうまでふくらませて、ゆっくりとお腹、胸、肩と息を吐いていきます。マタニティブルーや産後うつにも効果的な気持ちを晴れやかにしてくれる呼吸法です。

**POINT** **細胞が活性化され、不安やストレスが晴れやかに!**

# 「口から吐く呼吸」

声を出して
吐きましょう

完全呼吸のあと、次は口から息を吐く呼吸法です。息を吐く時に「ハ──」とか「ア──」とか声を出して、細く長く吐ききります。吸う息は鼻からです。緊張やストレスを軽減し、子宮口や産道も和らぎ出産時も役に立ちます。

**POINT** **緊張がゆるみ、スムーズな出産に有効!**

体と精神の
バランスを整え
ます

# 「片鼻呼吸」

**POINT** **体と神経を穏やかに。集中力も養います**

LEFT

RIGHT

右手の人差し指と中指を曲げ、目を閉じて親指で右の小鼻を押さえ、まず左鼻から息を吐きます。そのまま左鼻から息を7秒ほど吸って薬指で左の小鼻を閉じ、親指を離して7秒ほど息を吐きます。そのまま右から吸って左から吐きます。気持ちのよい回数を繰り返します。不眠や高血圧の方にもおすすめです。

Program

# 1

# RHYTHM YOGA

産前産後の体と心を整える

# ママのリズムヨガ

## 毎日やりたい基本のヨガ

リズムヨガとは女性のリズムを整えるためのヨガです。呼吸を深めながら体の隅々まで動かすことでリラックスして、活力が湧いてきます。産前はポーズの前の準備として、産後は４週間目を目安に始めましょう。自分自身と向き合う静かな時間を作り、心身の調整を行いましょう。

産前産後の
体と心を整える

# ママのリズムヨガ

DVD を見ながら行いましょう。一日のうちいつでも行えるプロ

0
基本の姿勢
で腹式呼吸

1
足裏と甲を
伸ばす

2

足首を
大きく回す

9

手首を回す

10
上体を倒して
体側を伸ばす

11

肩まわりを
ほぐす

12
首を
大きく回す

女性のための
やさしい基本の
ヨガです

# 全体の流れをおさらい！ [P22〜27]

グラムです。

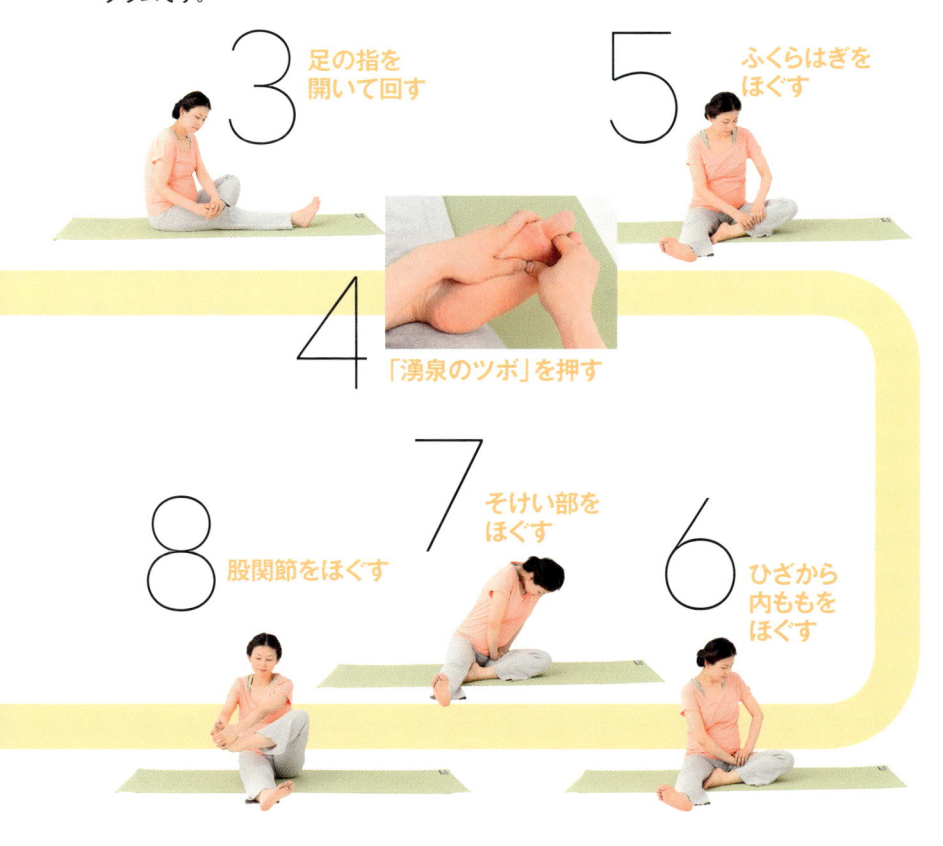

3 足の指を開いて回す

5 ふくらはぎをほぐす

4 「湧泉のツボ」を押す

8 股関節をほぐす

7 そけい部をほぐす

6 ひざから内ももをほぐす

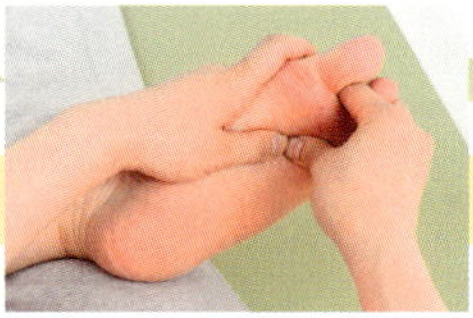

13 頸椎と背骨をほぐす

14 骨盤底筋群のエクササイズ

そのままメディテーションへ

**POINT**

## まずは呼吸法で体の内側に意識を向けて

0

まずは基本の姿勢(P16参照)で、３つの呼吸法を５呼吸ずつ行います。ゆったりとした呼吸で内面に気持ちを集中させましょう。ベビーがお腹にいるなら、「始めましょうね」と合図してあげてください。

**POINT**

## 脚の裏側や甲を伸ばす

1

両脚を伸ばし、腰幅より広く開きます。手はお尻の脇に。息を吐きながらかかとを押し出し、息を吸って戻し、吐きながら甲を伸ばします。

猫背、脚が曲がった状態はNG。胸を開き、腰から上体を倒しましょう。

**POINT**

## 足首を柔軟にして、ひざや股関節もなめらかに

2

１の状態からかかとを押し出したまま、息を吐きながら足先を内側に。吸って戻し、吐きながら足先を外側に。そのまま大きく円を描くように足首を回します。反対回しも行います。

## 3

左ひざを曲げ、右手の指を左足指に絡めて、左手で土踏まずを持って足指を回します。反対回しも同様に行います。

**POINT**

### 足のむくみや疲れ解消に

**CLOSE UP!**

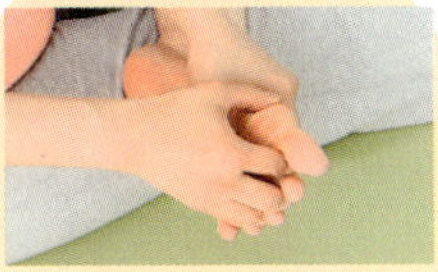

足指の間のつけ根を開くように、手の指をしっかりと差し込みましょう。

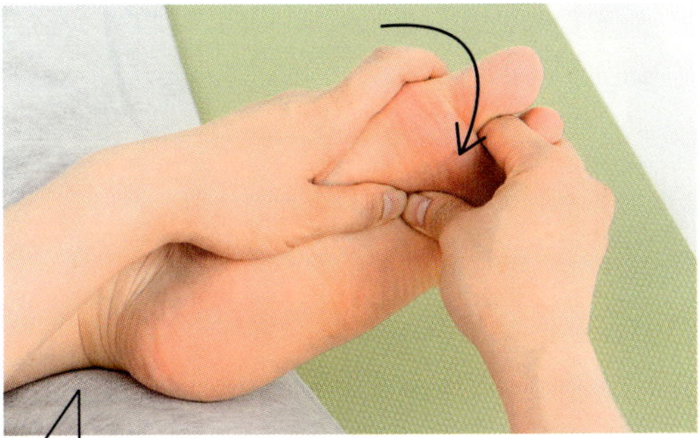

## 4

3の状態で、右手と左手の親指で湧泉のツボを押します。そのまま息を吐きながら足の甲がアーチを描くように足先を内側に入れます。5回繰り返します。

**POINT**

### 足の内側に力が入り、脚や歩き方が美しく

## 5

4の状態から左足を床へ下ろし、足首からふくらはぎ、ひざ裏を下から上へ丁寧にマッサージします。

**POINT**

### ふくらはぎをほぐして血の巡りのいい体に!

**CLOSE UP!**

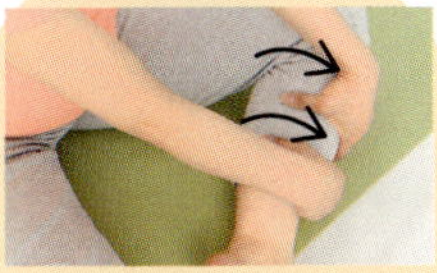

脚をつかみ、親指をふくらはぎからすねへ回すようにしてほぐします。

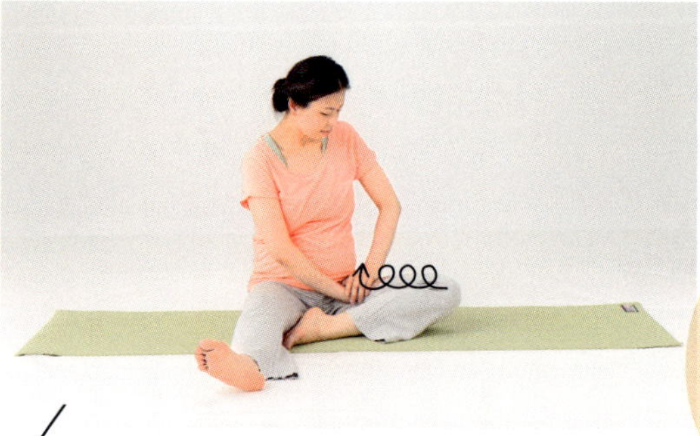

**POINT**

## 産道を柔らかく 骨盤を調整する効果も

**CLOSE UP!**

ひざ上から内ももまで、上半身の体重をかけて5点をほぐします。

## 6

5の状態から、両手でひざから内もものつけ根までを丁寧に円を描くようにほぐし、その後ひざから5点に分けて内ももを押してほぐします。

## 7

内もものつけ根、そけい部を両手でほぐし、息を吸って背筋を伸ばし、息を吐きながらそけい部を上半身の体重をかけて押します。ゆるめたら一呼吸。

**POINT**

## そけい部を押し、リンパの詰まりを解消

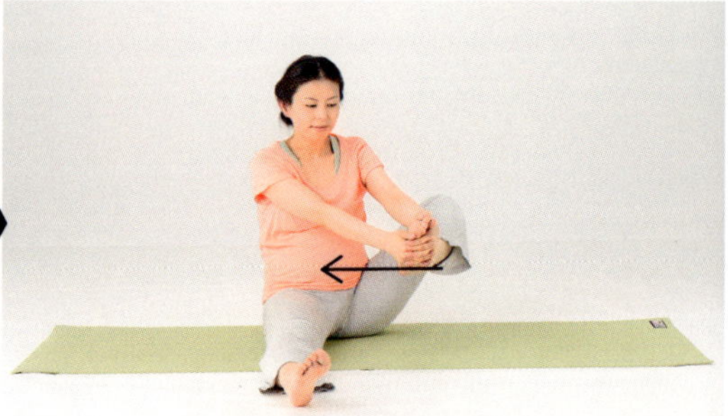

## 8

両手を組んで手を左足の小指側にかけ、股関節を5回ほど回します。産後すぐは気を付けながら回しましょう。反対回しも行ったら、息を吐きながらかかとをおへそのほうへ近づけます。

**POINT**

## 股関節を柔らかくほぐす

3〜8は
反対側の脚も
同様に行う

## 9

基本の姿勢で座り、両手を組んで手首を回します。5回ほど回したら反対回りも行います。

**POINT**

**手首をほぐして、腱鞘炎の予防にも**

## 10

a 手を組んだまま、手の平を返して息を吸いながら手を頭上に伸ばします。b 左ひじが上へ来るように両ひじを曲げて、息を吐きながら後頭部で腕を押します。c 次の吐く息で右へ体を倒し、左の体側を伸ばします。

**POINT** **ワキや胸、肋骨が気持ちよく伸びます**

## 11

両ひじを曲げてひじで大きく円を描いて肩を回します。5回ほど回したら反対回しも行います。

**POINT**

**肩や肩甲骨のコリに効果てきめん!**

## 12

息を吐きながら首を前に倒し、そのままゆっくりと丁寧に首を回します。5回ほど回したら反対回しも行います。

**POINT**

**首筋をゆるめて頭スッキリ!**

## 13

a手を組んで後頭部へ置き、息を吸って胸・喉を広げます。b息を吐きながら、まずは頸椎を伸ばし、そのまま背骨を一つ一つゆるめて背中を丸くして背骨をほぐします。c吸う息で頭を上げながら手で頭を押して、押し合いながら、背骨をゆっくり立てていきます。

**POINT**

**背骨がほぐれて体と心が元気に!**

# 14

13のcからゆっくりと背骨を立てたら、手はひざへ。深い呼吸でリズムを整えます。そのまま骨盤底筋群のエクササイズです。肛門を締めて、膣を締めて、尿道を締めて、それからポンとゆるめて一呼吸します。５～10回ほど繰り返します。その後P18「片鼻呼吸」を５呼吸ほど繰り返し、そのまま基本の姿勢で静かにメディテーションに入ります。体と心のリズムが整います。出来れば毎日行いたい基本のリズムヨガです。マタニティヨガはこのリズムヨガのあとに行うと効果的です。産後は毎日の育児疲れをリセット出来て、新たな活力が生まれるでしょう。

**POINT** バランスが整ったら
メディテーションを

産前産後以外の時
でも行いたい女性の
リズムを整える
ヨガです

## 出産までにしたいこと

# 妊娠線をケアしましょう

お腹が大きくなってきたら妊娠線のケアを！　毎日のマッサージ&保湿でしなやかな皮膚に整えます。

### おなか

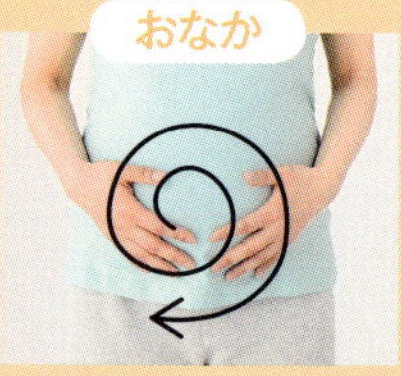

マッサージオイルをたっぷりつけて、お腹全体を時計回りに優しくマッサージします。

### 胸

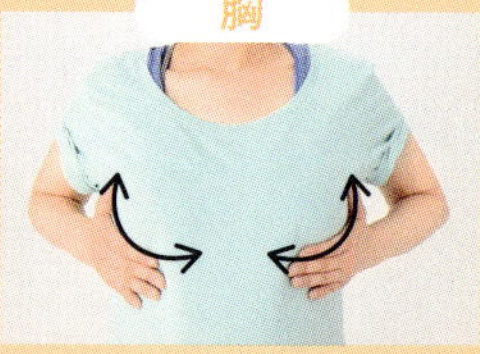

胸も大きくなるので妊娠線のケアが必要！　胸を優しく包み込むようにマッサージを。

### ワキ

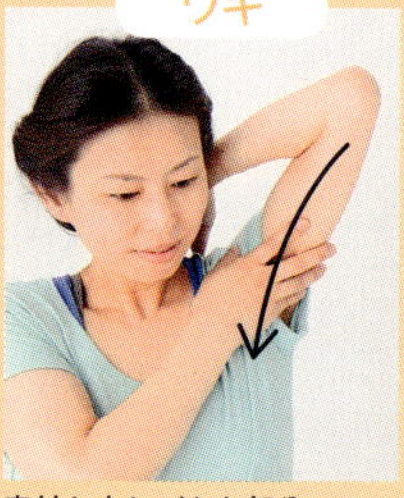

意外と忘れがちな部分。マッサージしながらリンパも刺激して、すっきりさせましょう。

### そけい部

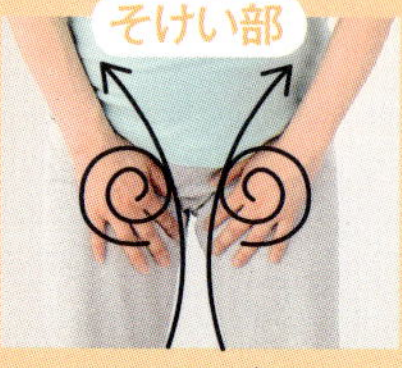

クルクルとそけい部をマッサージ&保湿したら、ももの前面から脇腹へ手をすべらせて。

### おしり

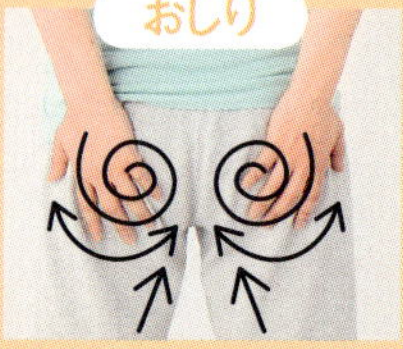

中心をクルクルとマッサージして、両手で包み込みながらすり込みます。太もも裏も引き上げるようにマッサージ。

### オイルについて

精油配合のオイルは妊娠期には不向きなものがあるので注意が必要です。植物性の純粋なオーガニックオイルがおすすめ。必ずパッチテストをしてから使いましょう（P92）。

# 逆子を戻しましょう

逆子は30〜32週くらいの間に治しておきましょう。ベビーに「くるんと回ってね」と声かけするのも大切。リズムヨガの後や寝る前が効果的。

P50のポーズで、腰の下にクッションなどを置き、腰を高くしたままリラックスして5〜10分ほど深い呼吸を繰り返します。その後、横向きのリラクセーションのポーズをとり、そのまま15分ほどお休みしましょう。

### ATTENTION!

医師にベビーの位置と回りやすい向きを確認して、横向きの姿勢で15分以上十分にお休みします。逆子は冷えのサインということも。リラックスして頭を休め、下半身を温めましょう。足湯やレッグウォーマーなども効果的です。

Program

# 2

# MATERNITY YOGA

## 産む体を作る
# マタニティヨガ

### 安定期に入ったらスタート

本書のマタニティヨガは、全身のバランスを整え、お産に向けて心身を調整するプログラムです。骨盤まわりと子宮や産道を柔軟にし、骨盤の開閉力や筋力、免疫力を高めて、妊娠期と出産本番を元気に乗りきりましょう。

産む体を作る
# マタニティヨガ

リズムヨガを行ってから始めましょう。全身のバランス

0 股関節を動かす

1 背中を丸めたり反らせたりする

2 上体で円を描く

3 脚を広げて内ももを伸ばす

11 立ったまま腰を回す

12 体側を伸ばす

13 内もものつけ根を伸ばす

14 薪割りスクワット

15 かかとをつけてしゃがみこむ

16 腰を丸めたり反らせたり

17 腹筋をつける

18 腰を高く上げる

# 全体の流れをおさらい! [P32~55]

を整えるプログラムです。呼吸を深めながら、一つ一つのポーズを丁寧に行いましょう。

4 脚のつけ根を押す

5 背中を丸めたり反らせたりする

6 四つんばいから胸を床につける

7 四つんばいで腰を回す

8 ひざを広げてうつぶせになる

9 腰を上げて体全体を伸ばす

10 立って中心軸を感じ取る

19 ひざを広げて骨盤をゆるめる

20 体をねじる

21 腕と脚を上げてゆらゆら

22 リラクセーション

## [ 骨盤の動きをよくする ]

自然呼吸
股関節の動きを
スムーズに

0

両足の裏を合わせて座り、ひざを広げます。両手を組んで足先を覆って股関節をパタパタと上下にゆらし、ひざを動かします。

吐く
腰と背中を
丸めます
a

吸う
胸を開いて
腰を反らせます
b

1

a息を吐きながら背中と腰を丸めます。b息を吸いながら背中と腰を反らして胸を広げ、足のつけ根を伸ばします。aとbを5回ほど繰り返します。

**POINT**

**股関節や内ももを柔らかくします**

自然呼吸
骨盤の歪みが
調整されやすい
ポーズ

## 2

腰で円を描くように上体を回します。体が前を通る時は胸を広げ、後ろを通る時は背中を丸めます。左右のお尻に同じように体重をかけて。5回ほど回したら反対回しも行います。

**POINT**

**左右差がないか感じとりましょう**

**反対回しも同様に行う**

CHECK!

耻骨痛のある人は無理をしないようにしましょう。

**Rica'S アドバイス**

ママの深い呼吸はへその緒を通じてお腹のベビーに酸素をたくさん届けます。ヨガをしながらゆったりとした呼吸を繰り返しましょう。お産の時もベビーが苦しくないよう、深い呼吸ができるように。ママが深い呼吸でリラックスすると、赤ちゃんも心地よいもの。呼吸法やリラクセーション、瞑想をしながらお腹のベビーを感じてみましょう。ベビーとママがつながる大切な時間です。

## [ 脚の内側を伸ばす ]

吸う
赤ちゃんの
通り道が
柔らかくなるように
a
CHECK!
前から
見ると……

恥骨痛や腰痛がある場合は、
脚を広げすぎないように。

吐く
自然呼吸
ゆったりとした
動作でお腹を
圧迫しないように
b

CHECK!

できる人はbのとき、腕を前に伸ばしてもOK。気持ちよくリラックスできるほうで。

# 3

a 心地よい範囲で両足を開き、両手を後ろについて息を吸い、腰を立てて背すじを伸ばします。かかとを押し出してひざ裏も伸ばします。座骨の下にタオルを敷くとラク。b 息を吐きながら上体を前に倒し、足のつけ根を伸ばして手を前に持ってきて前屈します。そのまま5呼吸ほど繰り返します。このポーズがつらい方は胸元にクッションなどを置きましょう。

**POINT**

**吐く息で痛みを"逃がす"感覚を身につけましょう**

## [ 脚のつけ根を柔らかくする ]

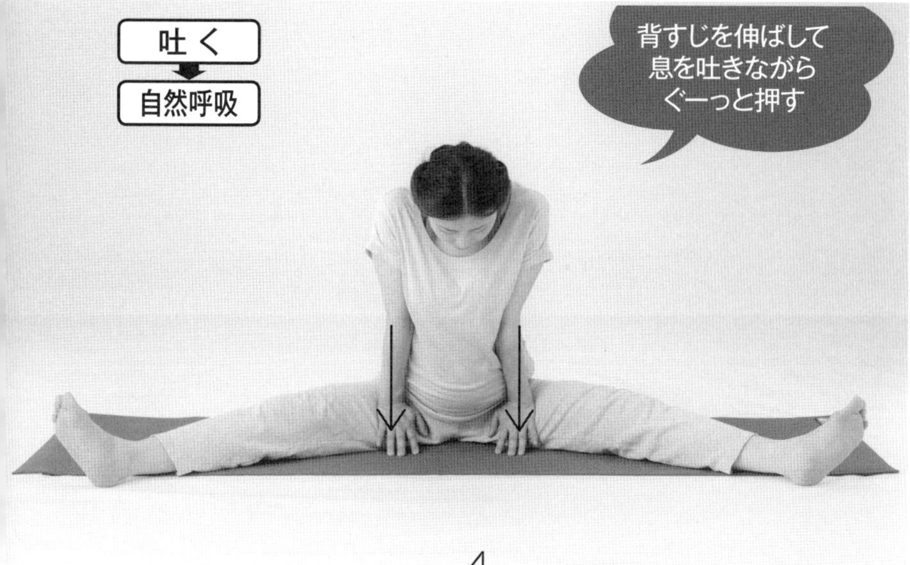
吐く
自然呼吸
背すじを伸ばして
息を吐きながら
ぐーっと押す

**4**

開脚から両手の平を脚のつけ根に置き、息を吸って背すじを伸ばす。息を吐きながらつけ根を押してそのまま5呼吸ほど繰り返す。

**POINT**

### お産に必要な内ももの
### つけ根を柔らかく

**Rica'S アドバイス**

開脚前屈が苦手な人はたくさんいます。無理のない範囲で脚を広げ、反動をつけずに行いましょう。呼吸とともに力を抜いて、痛いところをゆるめるイメージで、ポーズを深めていってくださいね。

## [ 四つんばいの骨盤呼吸 ]

自然呼吸
脚は腰幅より
少し広く
a

吐 く
腰も背中も
丸くして
手で床を押す
b

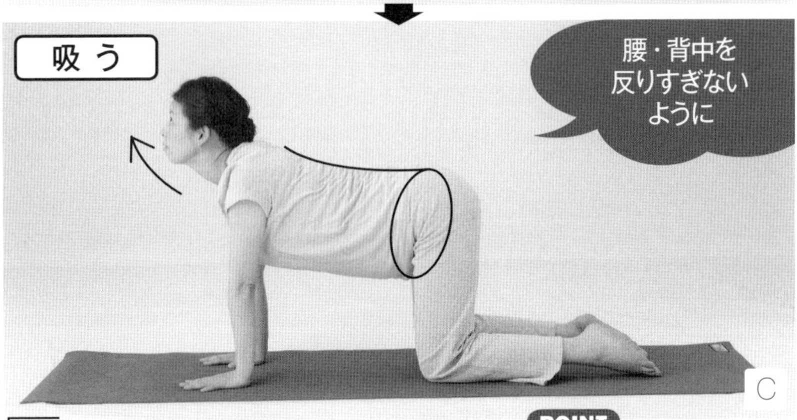
吸 う
腰・背中を
反りすぎない
ように
c

5

a手は肩幅に、足は腰幅より少し広げた四つんばいの姿勢になります。b息を吐きながら背中と腰を丸めて両手で床を押し、肩甲骨を広げておへそをのぞきこみます。c息を吸いながら上体をゆるやかに反らし、のどを広げます。bとcを5呼吸ほど繰り返します。

**POINT**

**肩こりや背中のこわばりがラクに**

# [ 骨盤底筋群エクササイズ ]

**自然呼吸**

内臓の動きを
よくするポーズ

6

四つんばいの姿勢から、ひざの上にお尻がくるように胸を床に近づけてひじを曲げる。おでこを腕の上にのせ、ワキや胸、背中、内臓の力を抜いて５呼吸ほど繰り返します。

**POINT**

**このポーズで骨盤底筋群のエクササイズにチャレンジ**

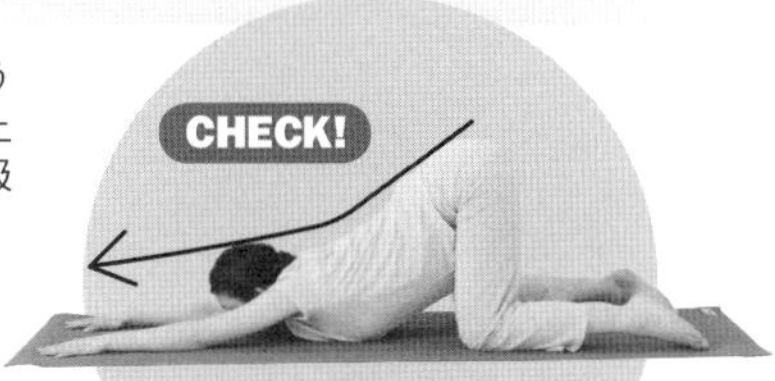
CHECK!

できる人は両手を前に伸ばしましょう。首と肩の力は抜いて。胸やワキがほぐれて、緊張もゆるみます。

**骨盤底筋群って？**

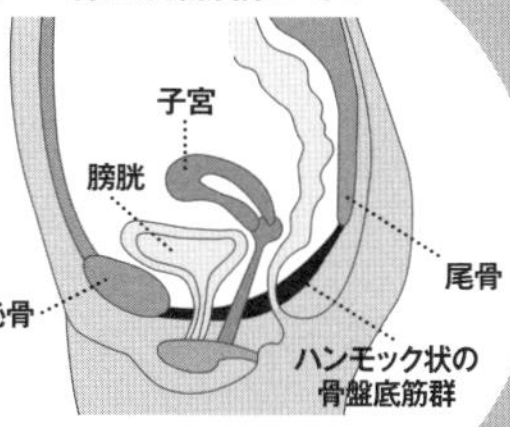
子宮
膀胱
尾骨
恥骨
ハンモック状の
骨盤底筋群

骨盤内にある内臓を下から支え、尿道や膣、肛門の筋肉の収縮に関わる筋肉群。出産時は産道となる大切な部分。出産時にダメージを受けると産後のトラブル原因に。毎日意識して収縮と弛緩ができるようにエクササイズを。

## 出産や産後に大切な骨盤底筋群を鍛えよう!

**簡単エクササイズ**

1. お尻の穴を締める
2. 膣を締める
3. 尿道を締める
4. すべてゆるめる

# [ 腰まわりをラクにする ]

自然呼吸
a

自然呼吸
腰まわりをラクに
歪みの調整にも
効果的
b

## 7

a手は肩幅、足は腰幅の四つんばいの姿勢になります。b呼吸に合わせて腰で大きく円を描きましょう。5〜10回ほど回したら、反対も同様に行います。

**POINT**

**腰まわりを調整して
お産をスムーズに**

反対回しも
同様に行う

# [ リラックスできるポーズ ]

**自然呼吸**

つらい人は
胸元にクッションなどを
置くとラクに

## 8

四つんばいの姿勢から両足の親指をつけてひざを十分に開き、お尻をかかとまで下ろします。手を前に伸ばすかひじを曲げ、その上におでこをのせて、肩や腰、内ももの力を抜いて5～10呼吸ほど繰り返します。このポーズがつらい人は胸元にクッションなどを置きましょう。

**POINT**

**骨盤底筋群、内もも、**
**産道を柔らかく!**

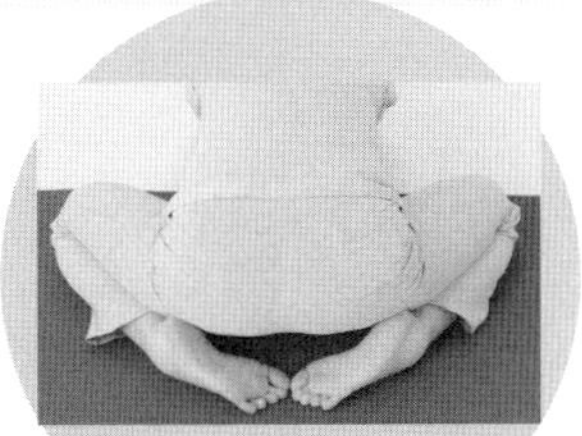

**CHECK! 後ろから見ると……**

両足の親指をくっつけた状態でお尻を下ろして。両ひざは十分に開いておきましょう。

**Rica'S アドバイス**

陣痛がある時は呼吸法で痛みを軽減することができますが、陣痛と陣痛の間は痛みがないので自然呼吸で過ごしましょう。その間に体力がたくわえられるようリラックスしたり食事や水分補給も忘れずに。

# [ 体力・気力をつける ]

自然呼吸
a

吸う
自然呼吸
足のつりや
むくみを防止
b

吐く
自然呼吸
全身を広げて
ノビノビと
c

## 9

a 手は肩幅、足は腰幅より広く広げた四つんばいの姿勢で、足のつま先を立てます。b 息を吸ってひざを伸ばし、かかとを床に近づけて重心を手のほうへのせ、ふくらはぎ、アキレス腱を伸ばして５呼吸繰り返します。c 次に息を吐きながら、お尻を高く持ち上げるように手で床を押し、首の力を抜いて体全体の裏側を伸ばし、５呼吸繰り返します。ひざをついてリラックスします。

**POINT**

**体が開放されて
全身が活性化。
頭もスッキリ**

# [ 基本の立ち姿勢 ]

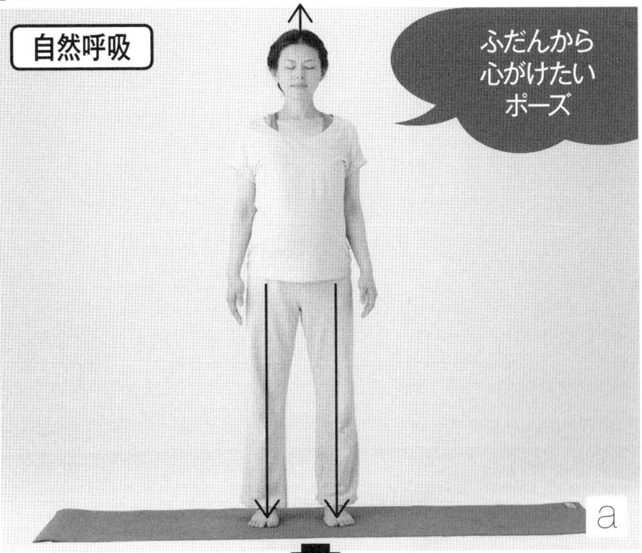
自然呼吸
ふだんから
心がけたい
ポーズ
a

自然呼吸
腰が反らないように
体の中心軸を
しっかり定めて
b

10

足は平行に腰幅に開いて立ちます。足の親指のつけ根、小指のつけ根、かかとがしっかりと大地に根づくように安定させ、骨盤底筋群を引っ張り上げるように骨盤を立て、中心軸を定めます。肩の力を抜いて、頭頂が天に引っ張られるようなイメージで背すじを伸ばします。目を閉じて5呼吸繰り返します。

**POINT**

**常にこの姿勢を意識することで歪みを防止**

**CHECK!**

反り腰になったり上体が前に出たりしないように腰を立てましょう。

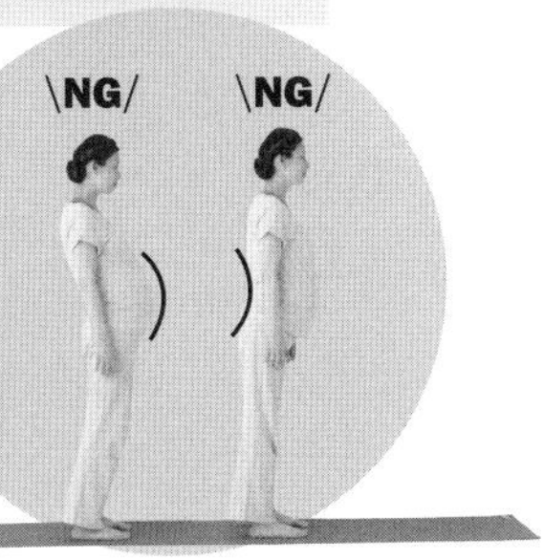
\NG/
\NG/

## [ 立って腰回し ]

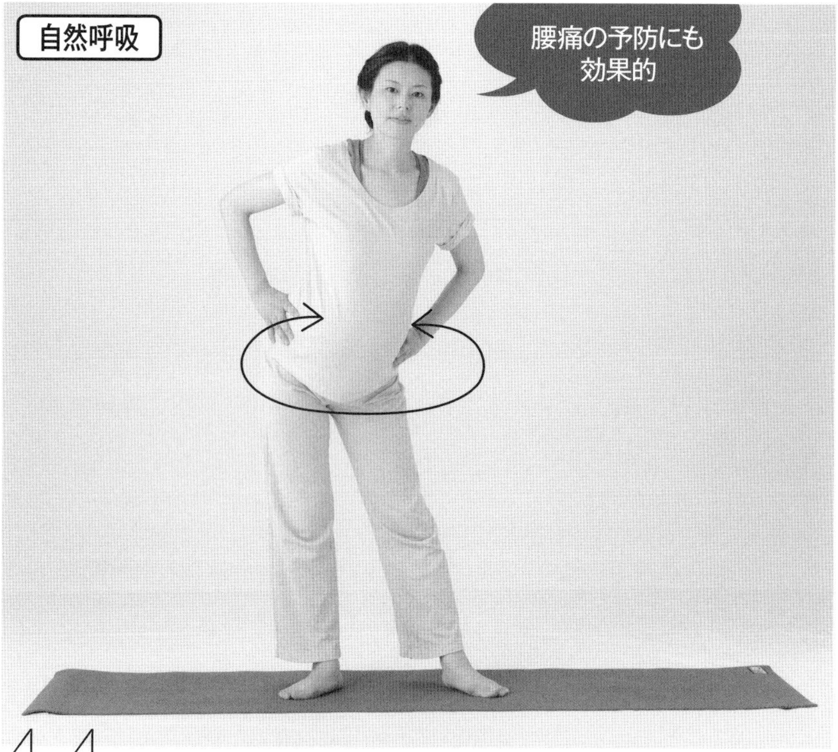


11

足先を外側に足を腰幅に開き、立ちます。足裏全体を安定させ、手を腰に当ててゆっくりと腰を回し、円を描きます。反対回しも10回ずつ回します。

**POINT**

**腰と骨盤を柔軟にして**
**骨盤の歪み調整にも**

**Rica'S アドバイス**

お産は本当に人それぞれ。陣痛の痛みも感じ方は様々です。元気なベビーが子宮外に誕生するために、強い子宮の収縮（陣痛）が起きます。痛みを逃がしたり、産道などを和らげてベビーを出やすくするには、呼吸法が一番。パニックにならないよう呼吸法を身につけ、体のゆるめ方を練習し、精神力も身につけておきましょう。

## [ 体力をアップ ]

自然呼吸
しこをふむように
ひざを広げて
a

自然呼吸
b

自然呼吸
ハードな動き
なので少しずつ
慣れていきましょう
c

# 12

ａ足を腰幅の3倍ほどに開き、足先は外側に向けます。ひざを曲げて腰を真下に下ろし、手はひざの上に。ｂ右ひじを右ひざの上にのせてひざを90度くらいまで腰を下ろします。ｃそのまま左手をななめ上へ上げ、体側を伸ばします。腰を下ろしたまま3～5呼吸キープ。息を吸いながらひざを伸ばし、息を吐きながら左手を下ろします。

**POINT**

**肩の力を抜いて**
**呼吸を深めよう**

反対側も
同様に行う

## [ 内ももの強さと柔らかさをアップ ]

吸う
ひざ、つま先は
外側に
a

吐く
内ももを
しっかり広げて
ストレッチ
b

### 13

a 足先を外側に、足は腰幅の3倍ほどに開きます。ひざを90度くらいまで曲げて腰を真下に下ろし、手はひざの上で息を吸います。b 息を吐きながら右肩を内側に入れこみ、右手で右ひざを押して体を左へねじります。

**POINT**

**腰痛にも効果的**

反対側も
同様に行う

## [下半身の筋力をアップ]

吸う
a

いすに腰を
かけるように
吐く
b

吸う
脚の内側の
筋肉を使って
上体を戻す
c

# 14

a足先を外側にして足を腰幅に広げる。手を組んで息を吸いながら頭上に上げます。b息を吐きながら手を下ろし、ひざを曲げていすに腰かけるようにスクワット。c息を吸いながら手と足を上げて、a～cを5回ほど繰り返します。

**POINT**

**"薪割りスクワット"で下半身の筋力をアップ**

# [しゃがみこみのポーズ]

**自然呼吸**

a

**Rica'S アドバイス**

日頃からしゃがみこむポーズで過ごす時間を作ってみましょう。この姿勢で床ふきもオススメ。お産が始まってからもオススメのポーズです。かかとが床につかない人も妊娠中は体が柔らかくなるので、だんだんとつくようになるでしょう。

自然呼吸
内ももの筋力を
アップ
b

自然呼吸
30週目以降で
逆子の人は
行わないで
c

# 15

a 14の状態からゆっくりとしゃがみこみます。かかとがきちんと床につく、ラクな姿勢をとります。そのまま骨盤底筋群のエクササイズを行います。肛門を締めて、膣を締めて、尿道まで締めてからポンとゆるめます。5回繰り返します。b 胸の前で合掌し、ひじとひざを押し合います。c b からひざをゆるめて、ひじでひざを押し広げるように内ももを伸ばします。※30週目以降で逆子の人はNGのポーズ。

**POINT**

## 骨盤底筋群や内ももの強さと柔らかさをつける

CHECK!

かかとを床につけられない人は、お尻の下にタオルや座布団を敷き、座って行いましょう。

## [ 仰向けの骨盤呼吸 ]

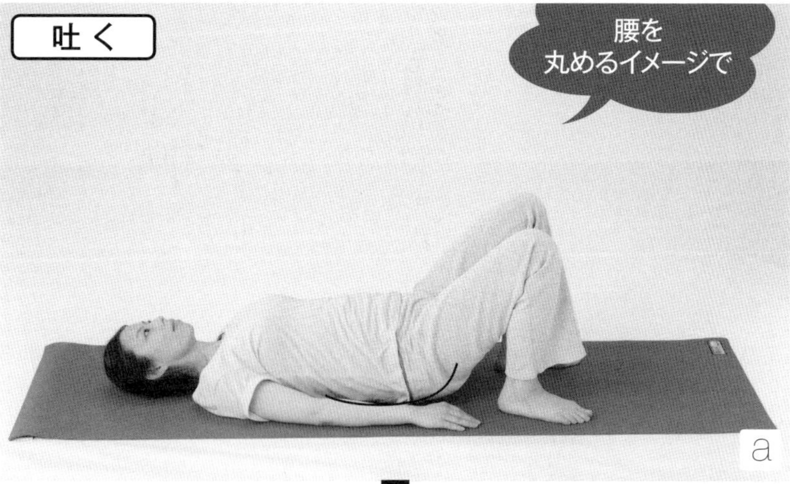
吐く
腰を
丸めるイメージで
a

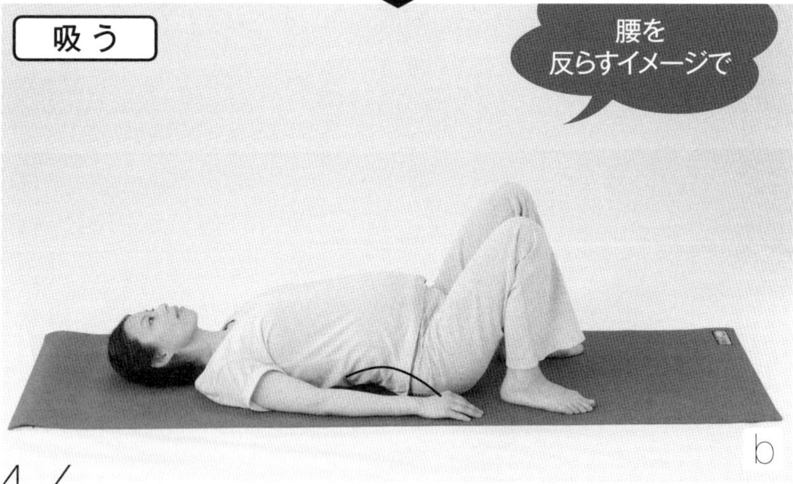
吸う
腰を
反らすイメージで
b

16

a仰向けになり、ひざを立てて足を腰幅より広く開きます。息を吐きながら腰を丸めます。b息を吸いながら腰を反らせます。aとbを5呼吸、繰り返します。

**POINT**

**腰痛予防にも効果的**

## [ 腹筋をつける ]

吐く

おへそを
のぞきこむように
腹筋を使って

**CHECK!**
頭を持ち上げるときに、両手を頭の後ろで組んで首を支えると、ラクになります。

## 17
16のaの状態から、息を吐きながらおへそをのぞきこむように腰、背中を丸めて腹筋を使って頭を上げます。吸う息で頭を下ろして、5回ほど繰り返します。

### ▶POINT
**お腹が張るときは
お休みしましょう**

### Rica'S アドバイス
出産時も産後直後の育児も体力がないとのりこえられません。お腹の小さな時からマイペースに体力作りを。少しずつ腹筋もつけておきましょう。妊娠中はついつい重くだるくなりがちですが、動いた方が体や心はラクになりますよ。

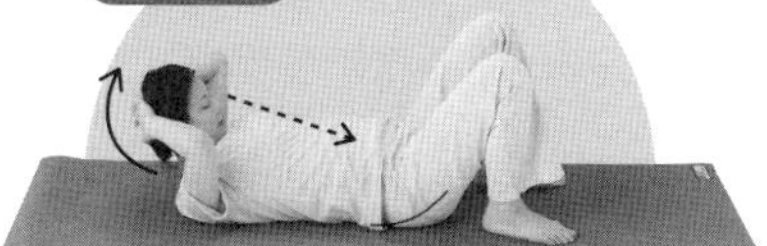

# [ 骨盤力をつける ]

a

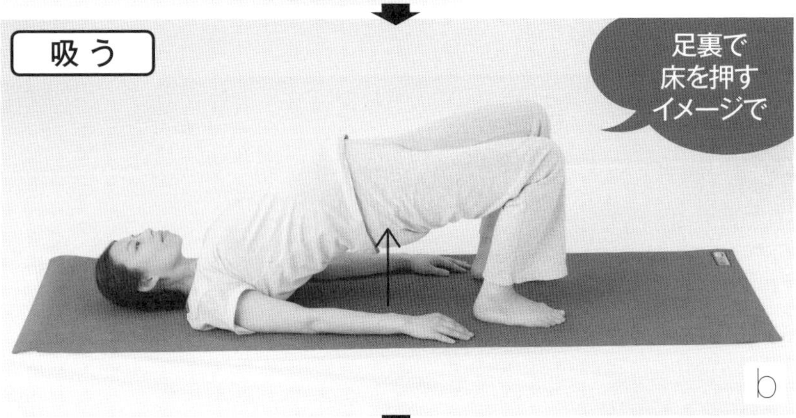
吸う
足裏で
床を押す
イメージで
b

自然呼吸
活力が湧く
元気の出る
ポーズ
c

## 18

ａ仰向けで手の平を下向きにして体側に伸ばします。ひざを立てて足は腰幅に開き、かかとをお尻のほうへ近づけます。ｂ息を吸いながら腰を上へ持ち上げます。ｃそのままの姿勢で腰の下で手を組み、肩甲骨を寄せて胸を広げます。内ももとお尻に力を入れて5呼吸繰り返します。手をほどいてゆっくり腰を下ろします。

**POINT**

**肩コリや首の痛みを**
**和らげ、内臓を活性化**

## [ 骨盤をゆるめる ]

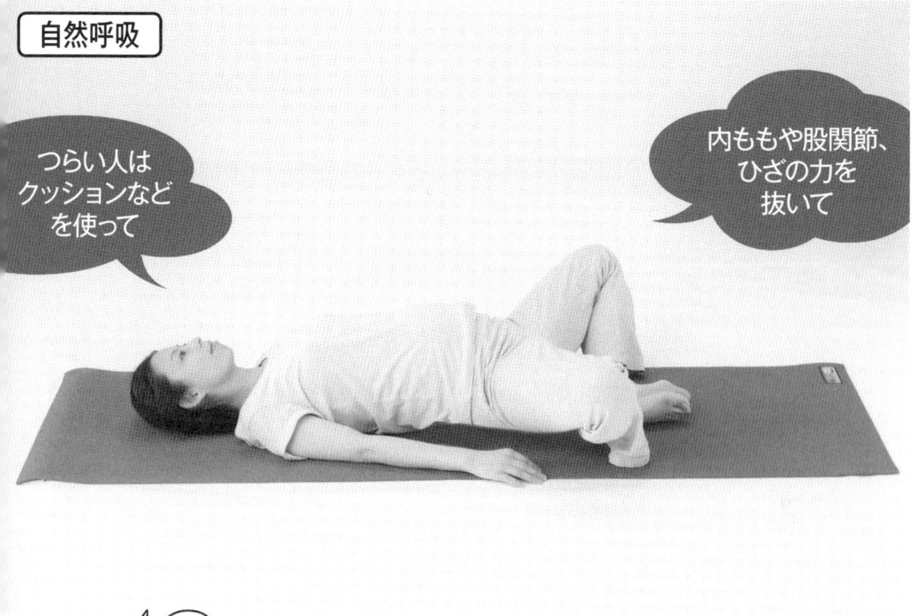
自然呼吸
つらい人は
クッションなど
を使って
内ももや股関節、
ひざの力を
抜いて

# 19

18のaから足の裏を合わせてひざを開き、腰をユラユラ左右に揺らします。そのまま動きを止めてひざや股関節の力を抜き、5呼吸ほど繰り返します。枕を使ったり、背中にクッションなどを置いて胸を広げたり、ひざの下にクッションなどを置いたりするとラクにリラックスできます。※腰痛や股関節に痛みがある人、仰向けがつらい人は、無理をしないようにしましょう。

**POINT**

**骨盤の歪みを調整しながら、脱力する方法を身につける**

**Rica'S アドバイス**

お仕事をしながらスタジオに通う人もたくさんいます。妊娠中はたくさんのエネルギーをお腹のベビーに使うので、お休みの日はなるべく頭や目を使わず、体や心の調整を行ってください。ヨガをやる時間は自分自身とお腹のベビーとの時間をゆっくりと楽しんで。その気持ちはベビーにも伝わり、満たされるはず。

## [ 体をねじる ]

自然呼吸
a

吸 う
ひざ裏まで
しっかり脚を
かけます
b

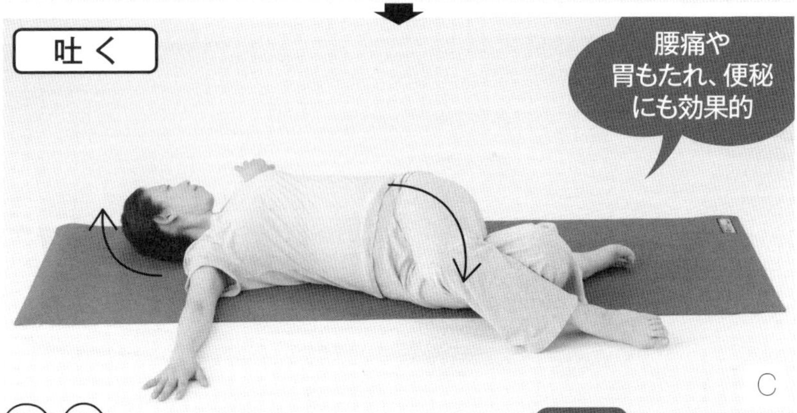
吐 く
腰痛や
胃もたれ、便秘
にも効果的
c

## 20

a 19からひざを閉じて、手の平を下向きにして両手を真横に広げます。b 左脚を右脚にひざ裏までかけて、息を吸います。c 息を吐きながら右にひざを倒し、ねじります。目線は左側へ。全身の力を抜いて5呼吸ほど繰り返します。

**POINT**

**お腹、胸、腰、
全身の力を抜いて**

**反対側の脚も
同様に行う**

## [ むくみをとる ]

自然呼吸
a

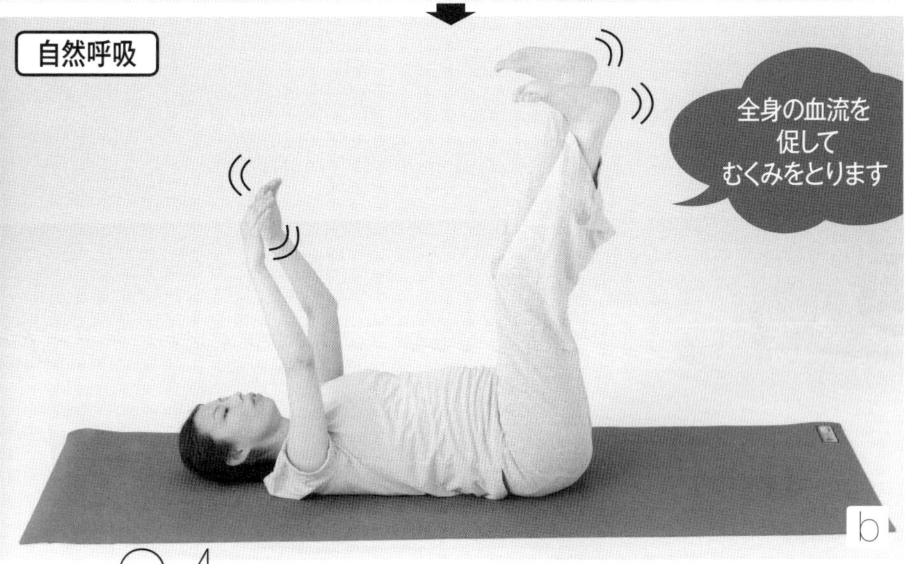
自然呼吸
全身の血流を
促して
むくみをとります
b

### 21

a仰向けで両腕と両脚を真上へ上げ、ひざを伸ばしてかかとを押し出します。b手足を細かく動かして10秒揺らし、そのままの姿勢で３呼吸繰り返します。もう１度10秒揺らし、動きを止めて３呼吸繰り返して22のポーズへ。

**POINT**

**全身の血流がよくなり、
老廃物も流れる**

# [ リラクセーションのポーズ ]

体の力を抜いて
赤ちゃんとの
一体感も味わって
a

**POINT**

**陣痛の合間も
リラックスして
体力を回復しよう**

**Rica'S アドバイス**

ヨガのあとは必ずリラクセーションのポーズでゆったりお休みしましょう。短い時間でも深い休息をとることができます。リラクセーションのあとは新たな活力もうまれるでしょう。一呼吸ずつ体をゆるめて気持ちもゆるめていきます。ベビーとのコミュニケーションも楽しんで。

気持ちよければ
仰向けで
リラックス

b

ひざを立てて
リラックス

c

22　a ヨガのあとは横になり、リラックスする時間を作ります。横向きで上側の脚を曲げ、リラックスしましょう。枕やクッションを使うとラクです。5〜10分ほど、体と心を静かに休めます。b 苦しくなければ、仰向けになり、足を腰幅より広く開いて手の平を上向きにし、ワキを少しあけてリラックスしましょう。c ひざを曲げてお腹に手を当ててもOK。

ヨガの基本

ママのリズムヨガ

マタニティヨガ

産後ヨガ

ベビーヨガ

## 出産までに覚えておきたいこと

パパとの
スキンシップ
としても♡

# 出産をラクにするマッサージ 1

内ももが柔らかくなると子宮口や産道も柔らかく。パパや家族にほぐしてもらいましょう。安定期～出産時まで行えます。

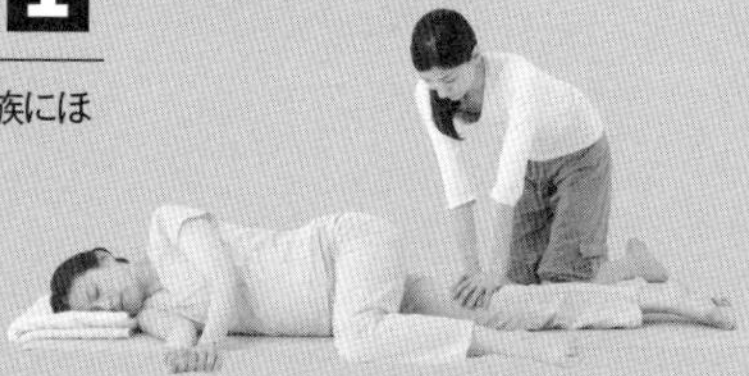

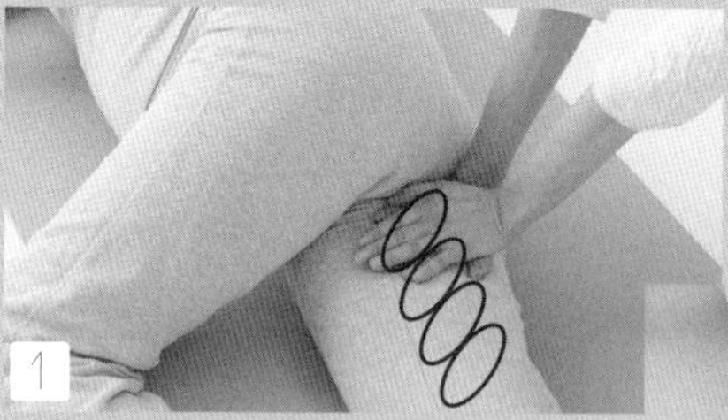


横向きに寝て、上の脚を90度に曲げます。下の脚の内ももののつけ根に両手を重ね、ゆっくりと圧をかけて押します。ひざに向かって少しずつずらして、内ももの後ろのラインをマッサージします。

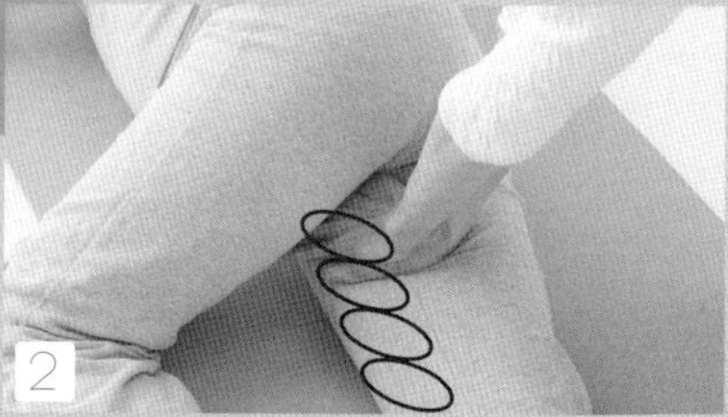


次に内ももののつけ根の前のラインをひざまでほぐしていきます。圧をかけられる時に息を吐いて力を抜くと効果的。

# 出産をラクにするマッサージ 2

37週目以降にオイルをたっぷり使ってパパと練習を。出産時に行うと痛みが楽になります。いきみ逃しの際に肛門付近を強く押してもらうのも痛みが楽になります。

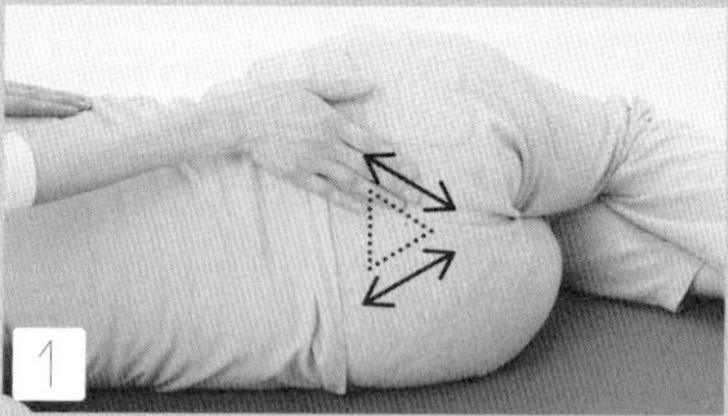


仙骨のワキをマッサージします。出産本番では適度に力を加えてマッサージ。

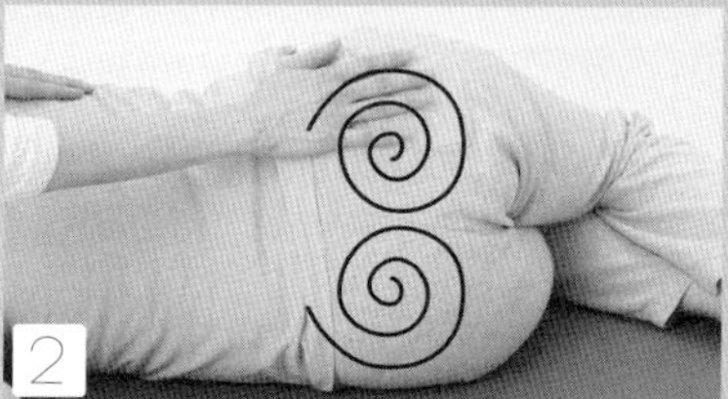


お尻全体も円を描くようにマッサージします。適度な力加減で行いましょう。

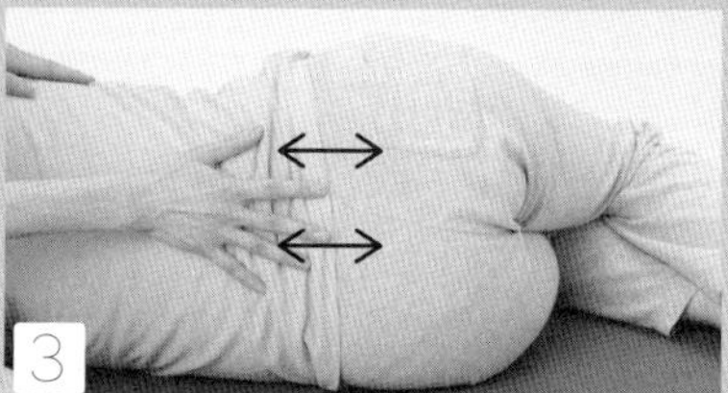


尾骨から腰にかけてもマッサージします。出産本番では適度に力を加えてマッサージを。

お産や産後に

## 足湯も効きます

40度くらいの少し熱めのお湯をバケツやたらいに張り、くるぶし上まで浸けます。お産がラクになり、むくみやお腹の張り予防にも。逆子対策や産後の回復にもオススメ。

逆子対策にもオススメ

# マタニティヨガ Q&A 2

### Q ヨガはどのくらいのペースで行うべき?

**A** 経過が順調であれば、リズムヨガだけでも毎日行うことが理想です。マタニティヨガも無理のない範囲で週2～3回は時間を作って行うのがベスト。出産直前は毎日行うとよいでしょう。

### Q 食事で気をつけるべきことは?

**A** 甘いものや果物の取り過ぎは体を冷やしてしまいます。乳製品の取り過ぎはベビーのアレルギーの原因になることも。バランスの良い食事を心がけて体重増加は10kgくらいまでにおさえましょう。

Program

3

# MAMA YOGA

産後すぐから始めて
体をリラックスさせて回復を助ける

# 産後ヨガ

## キレイな体で楽しく育児!

産後は産前と違って、体が冷えたり、こわばりやすくなります。育児疲れとホルモンバランスの乱れなどで体はたいへんな状態になりますが、毎日のほんの少しのケアで、体と気持ちはぐっと楽になります。大きなトラブルを予防して、キレイな体型に戻せるように、産後もヨガを役立てましょう。

# 産後に気をつけたいこと LIST 12

ベビーのお世話で慌ただしい日々が続きますが、産後を健やかに過ごしてスッキリした体に戻し、ベビーに優しい気持ちを向けて楽しく育児をするために、次の12のことを意識してみましょう。

- ☐ 産後1ヵ月は無理をしない
- ☐ 産後3週目までは横になる時間を多くとりましょう
- ☐ 気持ちが揺れることを受け入れましょう
- ☐ がんばりすぎず、まわりの人に甘えましょう
- ☐ 肩の力を抜いて呼吸を深く、リラックスを心がける
- ☐ 目を使いすぎないこと
- ☐ 横座りをしない。立つ姿勢も両足に重心をのせる
- ☐ 骨盤底筋群、お腹（丹田）をいつも意識して軸を定める
- ☐ 夏野菜や冷たい物はなるべく控え、体を温める
- ☐ 授乳期は消化のよいものを。乳製品はなるべく控える
- ☐ 根菜類や穀物、番茶、タンポポ茶などで良質の母乳に
- ☐ 眠れるときに眠り、体力と気力を回復させる

ベビーがいなくなったママの体は不安定で、子宮や体の状態が産前の状態に戻るまでに6〜8週間かかると言われています。ですが、産後の体の回復の経過は人それぞれですから、産後ヨガを始めるときには、ドクターに確認を。帝王切開や会陰切開をした人は特に気をつけて。

# 産後当日

出産後は思っている以上に体は疲れています。これから始まる育児のためにも、まずは呼吸法で体と心を落ちつかせましょう。十月十日頑張ってくれた子宮にも感謝を込めて、優しくお腹を膨らませたりへこませたりして、リラックスします。

## 腹式呼吸（P17）

後陣痛の痛みも
深い呼吸で
乗りきって

1

仰向けで寝て、足は楽に広げます。鼻呼吸でまずお腹から息を吐ききって、吸う息でお腹を膨らませます。ゆったりとした腹式の呼吸を繰り返しましょう。

**POINT**

**産後の興奮状態を落ち着かせて心をしずめる**

## 完全呼吸（P18）

体の隅々まで
深い呼吸を
取り入れて

2

腹式呼吸後、お腹から息を吐ききって吸う息でお腹、胸、肩、肩甲骨まで空気を取り入れます。ゆったりとした完全呼吸を繰り返しましょう。

**POINT**

**出産で消耗しきった活力を取り戻す**

口から吐く呼吸(P18)
口から
緊張感を
吐ききるように

3

完全呼吸後、吐く息を口からに変えます。吸う息は鼻から、吐く息を「ハー」と音を出しながら細く長く吐きます。体中のこわばりをゆるめるように意識しましょう。

**POINT**

**背中がゆるんで母乳が出やすくなる効果も!**

深呼吸
自然呼吸
体と心を
脱力させて
静かに休んで

4

腕を体側に下ろし、手の平を上向きに、ワキを軽くあけて脚も楽な位置に広げます。まずは３呼吸ほど深呼吸をしてからゆったりと全身の力を抜いていき、静かにしばらくの間休みます。

**POINT**

**リラックスしてエネルギーを充電する大切な時間**

1日目に追加して行います

# 産後 2日目～

翌日からは体調がよければ、仰向けの状態で行えるヨガを始めましょう。ベッドの上で少しずつ体を動かし、骨盤を調整しながら、出産の疲れを回復させます。帝王切開の人はまだ安静にしたほうがよいでしょう。

## 自然呼吸

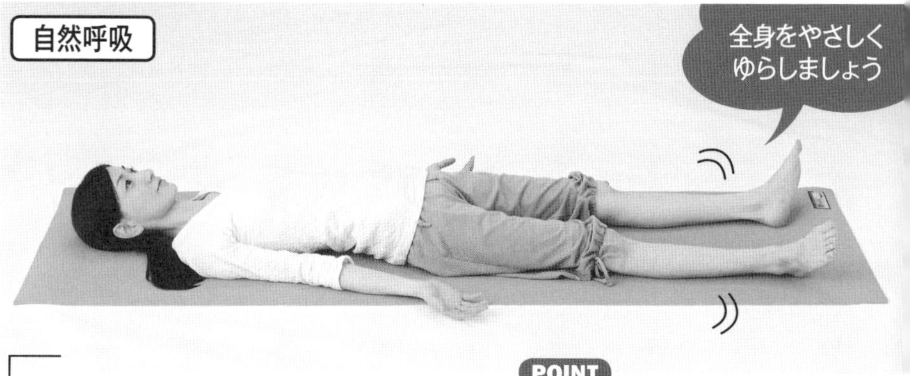
全身をやさしく
ゆらしましょう

### 5

仰向けで足を腰幅ほどに開き、足先をユラユラとゆらします。そのまま腰を軽くユラユラゆらし、背中も軽くユラユラゆらします。気持ちよくゆらして体のこわばりをとります。

**POINT**
**内臓の働きも よくなります**

## 吐く

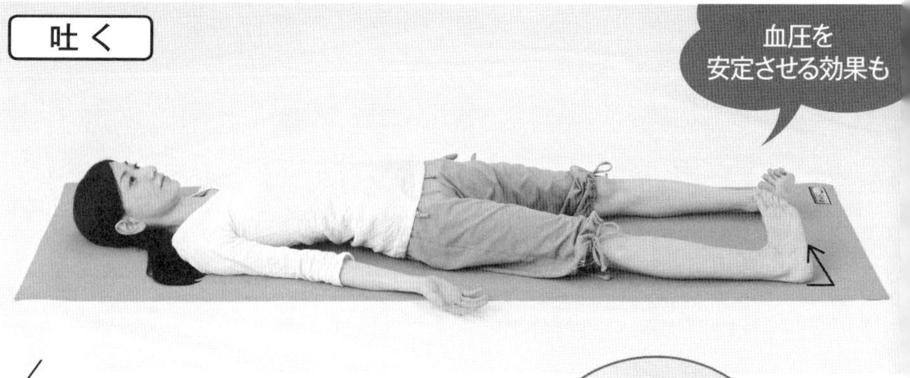
血圧を
安定させる効果も

### 6

息を吐きながらかかとを押し出し、足先を内側に倒します。息を吸ってまん中に戻し、吐きながらかかとを押し出したまま足先を外側へ倒します。

**POINT**
**骨盤の調整にも効果的**

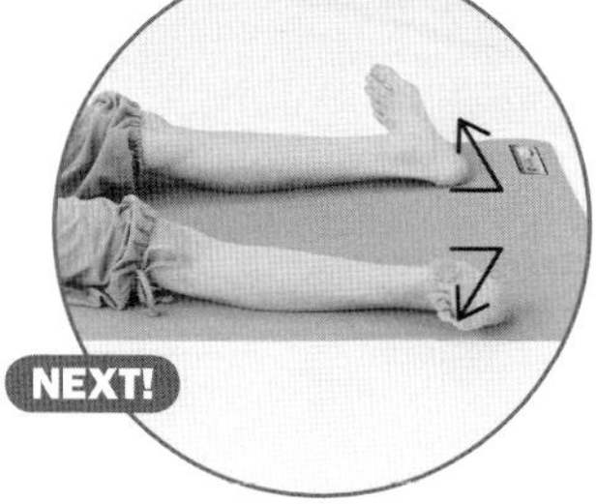
NEXT!

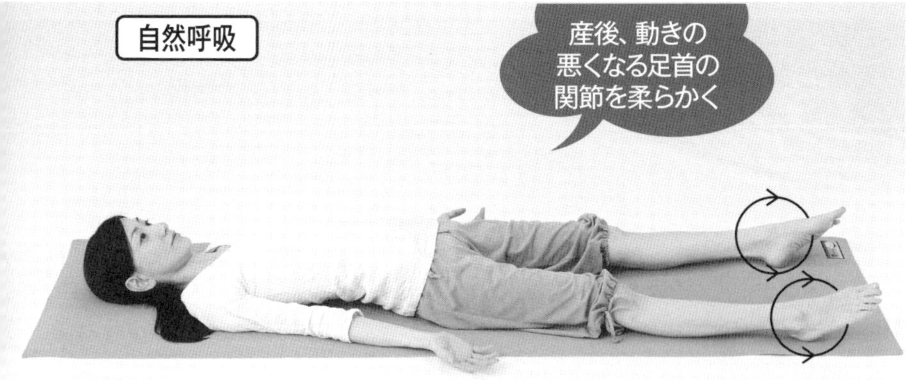
自然呼吸
産後、動きの
悪くなる足首の
関節を柔らかく

## 7

6の状態から、足首を回します。つま先で大きな円を描くように、しっかりと回しましょう。外方向と内方向へ、それぞれ15回ずつくらい。

**POINT**

**血圧を安定させる効果も**

吐く
胸や腰も
気持ちよく
ストレッチ

## 8

手をバンザイして、息を吐きながらかかとを押し出し、体の背面をストレッチ。息を吸って足を戻し、息を吐きながら甲を伸ばして体の前面もストレッチしたあと、ポン、とゆるめて一呼吸。

**POINT**

**全身が伸びて活力が湧いてくる!**

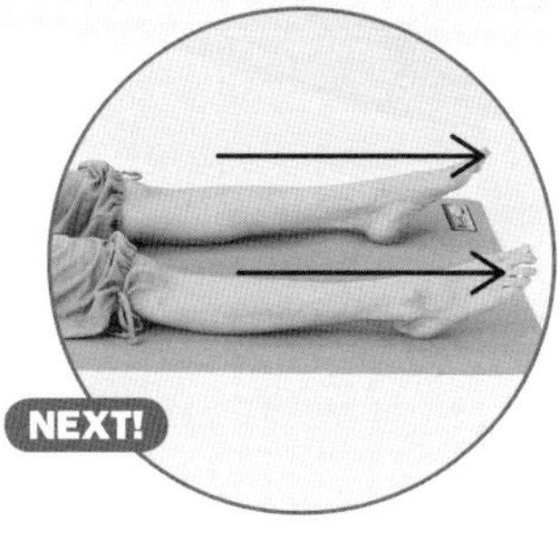
NEXT!

育児中の腱鞘炎
の予防にも

9

全身の力をゆるめたら、両腕を軽く上げて、手首をゆらゆらと動かします。手先から手首まで脱力させて、柔軟な状態にしましょう。しっかりほぐれたと感じるまで続けて。

**POINT**

**手首から腕まわりまでゆるめる**

上半身の
緊張がゆるみます

10

両手の指を絡めて組んで手首を回します。右回し、左回し、それぞれ大きく15回ずつくらい、しっかりとほぐれるように回しましょう。回りにくいほうを多めに回しましょう。

**POINT**

**手首を柔らかくほぐしましょう**

11

両ひじを軽く曲げ、息を吸いながらひじをなるべく上へ持ち上げます。次に吐く息でひじをウエストまで近づけます。15～20回繰り返します。

**POINT**

**胸まわりがほぐれて母乳トラブル予防に**

**Rica'S アドバイス**

産後すぐはママもベビーも明るすぎない部屋で過ごしましょう。ママの骨盤調整にもなるし、ベビーも強い刺激を受けずに安心します。1ヵ月間は強い光や音の刺激からなるべく離れてみましょう。携帯電話やパソコンなどの光も、長時間は控えて。体の回復も早くなりますよ。

授乳による
猫背解消に

## 12

両手を組んで手を頭上に上げ、最初は小さい円を描いて、だんだん大きく肩甲骨を動かすように回します。反対回しもそれぞれ10〜15回、回します。

**POINT**

**肩甲骨まわりが
すっきりします**

首のこわばりを
ゆるめて体をラクに

## 13

手を体側にのばし、首を左右にユラユラとゆらします。次に息を吐いて右に倒して３呼吸。息を吸って真ん中に戻し、息を吐いて左へ倒して３呼吸します。

**POINT**

**授乳時にコリがちな
首すじがほぐれます**

目をゆるめて疲れを
とりましょう

## 14

目を閉じて、両手の平で優しく包み込みましょう。鼻からの深い呼吸を繰り返しながら体温でじんわり温めて、目まわりのコリと疲れをとります。ゆるむ感じがするまで続けて。

**POINT**

**目のコリや疲れをとり**
**骨盤のこわばりを防ぐ**

頭の緊張を
ほぐしましょう

## 15

両手の平で頭をマッサージして、頭皮と頭蓋骨のコリをとります。細かく円を描くようにしてほぐしたり、軽く上に引っ張りながらキューッと締めると、小顔効果も狙えます。

**POINT**

**妊娠中にゆるんだ顔も**
**すっきりと!**

骨盤の歪み防止に
オススメのポーズ
反対側も
同様に行う

## 16

仰向けのまま両足を閉じます。右ひざを立てて右足を左ひざの外側に置き、息を吐きながら自然に右ひざを内側に倒します。右のお尻が浮かないように内ももに少しだけ力を入れて、10呼吸ほど繰り返します。

**POINT**

**骨盤に負担をかけずに優しく引き締められる**

**CHECK!**

3日目〜、7日目〜、2週間目〜、すべてのヨガの最後にリラクセーションのポーズを行いましょう。

**Rica'S アドバイス**

産前からヨガを行っていると、産後の体の回復が早く、すぐに動きたがるママも。出産直後の大きな動きは、体に負担になります。まずは仰向けでのやさしい動きで体の土台作りをしましょう。育児はエンドレスなので、疲れはたまっていきます。ベビーが眠っている間に少しだけでも自分をケアしてリセットできる時間を作りましょう。まわりの人の協力や、がんばりすぎない環境を整えておくと安心です。

1～2日目までに
追加して行います

# 産後 3日目～

出血や熱がなければ、動きを追加していきましょう。会《え》陰《いん》切開をしている人は無理のない範囲で行います。ベビーのお世話で眠れていない人は体と気持ちがラクになるはず。呼吸を深めて心地よく行いましょう。

全身のこわばりを
とります

## 17

仰向けで足は腰幅に開き、手は楽な位置に。足先から揺らして、ひざ、股関節、腰、背中、首の順にユラユラと全身をゆるめていきます。

**POINT**
**体全体をゆるめます**

反対側も
同様に行います

## 18

両ひざを立て、足は腰幅の1.5倍に開きます。息を吐きながら左ひざを内側へ倒して、右ひざは立てたまま少し内側へ入れて5呼吸ほどキープします。

**POINT**
**骨盤の歪みを調整します**

吸う
産後すぐの腰痛、
尾てい骨の痛みに
a

吐く
骨盤底筋群を意識
してみましょう
b

## 19

a両ひざを立て、足は腰幅に開いて息を吐きます。次の吸う息でゆるやかに腰を反らせます。b次に息を吐きながら腰を丸めて、骨盤底筋群を意識します。aとbを10呼吸ほど繰り返します。

**POINT**

### 出産時にせり上がった骨盤が元の位置へ

最後に
リラクセーションの
ポーズで休みましょう

1～3日目までに追加して行います

# 産後 7日目～

体に異常がなければ、帝王切開でない限り、退院する時期。授乳やおむつ替えなどベビーのお世話をする際にも中心軸を保てるように、骨盤や骨盤底筋群、腹筋をさらに引き締める動きを少しずつ加えていきます。

吸う
無理をしないで
少しずつ
行いましょう
a

吐く
帝王切開の
人はまだ
お休みです
b

## 20

a両ひざを立て、足を腰幅に開き、吸う息で腰を反らせます。b手を組んで後頭部を支え、息を吐きながら骨盤底筋群を締めておへそをのぞきこむように頭を上げ、腹筋を意識します。吸う息で頭を下ろして、aとbを5呼吸、繰り返します。

**POINT**

**腹筋と骨盤底筋群を意識します**

21

両脚を揃えて伸ばし、左右のお尻をキュッと引き締め、続けて骨盤底筋群を締めて、太ももを外側に回すように内ももも締めていきます。3呼吸キープしたらゆるめて、リラックスしましょう。

**POINT**
**悪露《おろ》がまだ多い場合は落ち着いてから**

## ベビーを抱っこするときの歪みに注意!

\OK/

ベビーを抱っこする際は、お腹と骨盤底筋群を引き締めて腰や手に負担がかからないようにかかえましょう。腰痛、腱鞘炎の予防に。

\NG/

横向きで抱っこしようとすると腰を痛める原因に。正面を向いてしましょう。

産後７日目までに
追加して行います

# 産後 2週間目～

ベビーのお世話で眠れない日が続き、疲れが溜まっている人も多いでしょう。そんなときこそ産後ヨガで体を調整し、活力を高めて。筋力をつける動きも追加します。帝王切開の場合は４週間目からが目安です。

吸う
骨盤呼吸をさらに
しっかり行うことで
内臓を活性化させます
a

吐く
b

## 22

a仰向けでひざを立て、足は平行で腰幅に開き、息を吐きます。次の吸う息で腰を反らせます。b息を吐いて腰を丸めます。そのまま下腹部に力を入れてお腹を引き締めます。

**POINT**

**下垂した内臓が引き上がる効果があり**

# 23

22のａの状態から、息を吐ききりながら腹筋を使っておへそをのぞきこむように頭を上げます。吸う息で頭をゆっくり下ろして５回ほど繰り返します。

**POINT**

**ゆるんだお腹を引き締めながら体力を活性化!**

**CHECK!**

腹筋に力が入らない人や帝王切開の人は、手を組んで首を支えてあげるとラクにできます。無理はしないで。

**Rica'S アドバイス**

産後の体は冷えやすく、免疫力もおちて風邪などを引きやすい状態。血行が悪くなり、体中に痛みが出ることも。体が温まる食べ物や飲み物を。足湯や手湯をするだけでも楽になります。産後の回復をよくするためにも、少しずつ筋力もつけていきましょう。足首や腰も冷やさないように。レッグウォーマーや腹まきも活用して。

自然呼吸
内ももの力を
つけます
a

自然呼吸
悪露が多い場合は
控えましょう
b

# 24

a 仰向けで手は体側に、ひざを立てて足は腰幅に開きます。両ひざをくっつけて、息を吐きながらひざ同士を押し合います。そのまま3呼吸キープしたあと、ひざをゆるめます。3回繰り返します。b 次の吸う息で腰を少し浮かせて足の裏で床を押し、お尻を締めて骨盤底筋群を締めます。3呼吸キープしたら腰を下ろしてリラックス。3回繰り返します。

**POINT**

## 骨盤底筋群や内ももの力、骨盤力がつくポーズ

腹筋をつけて、
ヒップアップも！
自然呼吸
反対側も
同様に行う
a

お腹をゆるめて
リラックス
自然呼吸
b

# 25

ａ仰向けになり、手の平を下向きにして体側に置く。ひざを立てた状態から足を浮かせ、脚を90度に曲げる。足首を交差して足首同士を押し合います。そのまま息を吐きながらかかとをお尻のほうまで下ろし、吸って足を90度まで上げ、足を上下に５呼吸繰り返します。ｂ両ひざを胸に近づけて両腕で抱え、力を抜いて５〜10呼吸ほどリラックスします。

**POINT**

## 骨盤やお腹が引き締まり、内臓も活性化します

最後に
リラクセーションのポーズを
行って終わりにしましょう

## 産後ママに役立つポーズ（産後４週目〜）

# お悩み 1 抜け毛・肩こり

### うさぎのポーズ

１正座をして手を肩幅でひざの横に置き、頭頂をマットにつけてお尻を浮かせます。頭を上下に軽くゆらし、頭頂を刺激します。２動きを止めて両手を後ろで組み、手を天井へ引き上げて５呼吸繰り返します。戻るときは、手をほどき、両手をマットについてお尻をかかとまで下ろして、息を吸いながらゆっくりと上体を戻します。

神経を休ませ
頭もスッキリ
1

# お悩み 2 腱鞘炎・がに股

### ねじりのポーズ

１仰向けになり、手の平を下向きにおいて真横に広げます。両ひざを立てて左脚を右脚に足首まで絡ませ、骨盤底筋群を締めます。２息を吐きながらひざを右側へ倒し、顔は左側へ向けたまま５呼吸ほど繰り返し、息を吸いながらゆっくり戻します。

2
骨盤調整や
ウエストの
引き締めにも

反対側も
同様に行う

# 産後のママヨガ Q&A

## Q 産後の尿漏れって本当にあるの？

A 産後は骨盤底筋群が伸びてしまうため、尿漏れしやすくなります。少しずつ骨盤底筋群のエクササイズを行って回復させましょう。会陰切開をした方は痛みがある程度治まってから、無理をせず少しずつ。

## Q 帝王切開でも産後すぐのケアは必要なの？

A 帝王切開の場合でもお腹は大きく骨盤は広がり、ゆるみも起きています。傷の痛みが治まってから、医師の許可を得て、少しずつ産後のケアを行いましょう。術後の体の回復にも効果的です。

## Q 産後はどうして姿勢が悪くなるの？

A 授乳やおむつ替えなど、前屈みになることが多く、首や肩、背中がガチガチに。胸も閉じ気味になると気持ち的に落ち込むことも。肩や肩甲骨まわりや胸を広げるポーズを取り入れて日々リセットすることが大切。

## Q マタニティブルーや産後うつって本当にあるの？

A 出産から産後直後は急激なホルモンの変化や慣れない育児疲れが続き、気分が落ち込んだり、感傷的になったり、イライラしたり。ヨガで体を動かして、呼吸を深めてみましょう。ひどい場合は医師に相談を。

Program

# 4

# BABY YOGA

ベビーの元気な成長のために

# ベビーヨガ

## ママとベビーの絆を深めて

ママのお腹の中ですくすくと育ったベビーは、出産という大きな経験を経て、産まれた瞬間に光や音の刺激を一気に浴びます。ベビーの出産時の緊張や新しい世界での不安を取り除いて、親子の絆を深めるベビーのケアをぜひ実践しましょう。

# ベビーのケア、ヨガは DVDを見ながら行いましょう

**1 Baby Care**
～ベビーのケア

**2 Baby Rhythm Healing**
～ベビーリズムヒーリング

**3 Baby Rhythm Yoga**
～ベビーリズムヨガ

**4 Baby Rhythm Massage**
～ベビーリズムマッサージ

ベビーが誕生して、ママの願いはベビーがすくすくと元気に、大きくなってくれること。小さなベビーはママのぬくもりやにおい、抱っこや触れられることが大好きです。DVDでは、産まれてすぐからしてあげたい、子宮にいたときのような心地よさの「きゅきゅっとおくるみ」と、出産時に受けた緊張や新しい世界での緊張をほぐしてあげる「ベビーリズムヒーリング」。産まれてから出てくる不調を、安全に動かしてとってあげる「ベビーリズムヨガ」と、生後２ヵ月くらいから少しずつ刺激を与え、体、心、脳の発達を促す「ベビーリズムマッサージ」。そして親子の絆を深め、毎日の育児疲れをとり、新たな活力を湧かせてくれる「親子のリラクセーション」を紹介しています。

# DVDに入っている内容

### Introduction
### 始める前に

産前と産後直後のママとベビーの両方のケアの必要性などをご案内。始める前に、まずはこちらを見て、注意点などを理解しましょう。

P22～の
ヨガです！

### Preparation 1
産前、産後のママの体と心を整える
### ママのリズムヨガ

マタニティヨガの準備として、産後の回復や育児疲れ解消として。ママのリズムを整える基本のヨガです。出来れば毎日行うと効果的。

P85～の
呼吸です！

### Preparation 2
ベビーに触れる前に
### ママのリズム呼吸

産後すぐのママのリズムは乱れがちです。まずはママ自身の体と心を整え、穏やかな呼吸のリズムでベビーに触れてあげましょう。

### PART 1
体も心も安定した子に育つように
### ベビーケアの基本

子宮内のように心地よく包み込む「きゅきゅっとおくるみ」の方法を紹介。睡眠の質が高まり、姿勢も正しく、体と心が健やかに育ちます。

### PART 2
産まれてすぐからの
### ベビーリズムヒーリング

ママとベビーが優しく触れ合いながら、お互いのリズムを整え、ベビーの緊張を解きほぐして健やかな体と心を育むヒーリング方法。

### PART 3
生後2～3週目からの
### ベビーリズムヨガ

産まれてすぐに自分では体を上手く動かせないことで起きるベビーのトラブル(便秘や消化不良など)を改善するベビーヨガを紹介。

### PART 4
生後8週目からの
### ベビーリズムマッサージ

ベビーオイルを使ってベビーのリズムを整えるマッサージ法です。しなやかでバランスの整った強い体と、穏やかな心を育みます。

### Ending
体と心のリズムを整える
### ママとベビーのリラクセーション

ベビーと触れ合った後や、毎日の育児の合間に。短い時間でもエネルギーが回復し、親子のリズムが整い、新たな活力が生まれます。

# DVDの使い方

## トップメニュー画面

1 すべてのプログラムが表示されます。

2 初めて行う人は、まず「Introduction　始める前に」を見て、注意事項などの確認を。

3 目的の画面プログラムに移動しましょう。

## サブメニュー画面

1 初めて行うプログラムの場合は、まず「Introduction　始める前に」を見て、注意事項などの確認を。

2 目的のプログラムに移動しましょう。

## プログラム画面

ＤＶＤ画面に従って、行います。１回めは難しく感じる場合もあるかもしれませんが、まずはできる範囲からでＯＫです。焦ることはありません。リラックスして始めてみましょう。

※動きやすい服装で、ベビーにとってもママにとっても快適な場所で、安全を心がけて行いましょう。

## ベビーのケア、ヨガをやる前に注意したいこと

- [ ] ベビーの成長には個人差があるので無理をしない
- [ ] 予防接種後、24時間以内は控える
- [ ] 空腹時と満腹時は避ける
- [ ] 皮膚トラブルや熱があるときは行わない
- [ ] 裸になっても寒くない室温で行う
- [ ] 無理な力をかけないように
- [ ] 最初はやさしいタッチから始める
- [ ] 最初は短い時間から行う
- [ ] 1回あたりのマッサージ時間は5～15分を目安に
- [ ] 眠ったり、泣いてしまったらまたの機会に
- [ ] オイルは必ずパッチテストをしてから使う

**DVD-Videoについての注意事項**

◎DVD-Videoとは、映像と音声を高密度に記録したディスクです。DVD-Video対応プレーヤーで再生してください。パソコンやゲーム機での動作保証はしておりませんので、あらかじめご了承ください。

◎再生上の詳しい取り扱いには、ご使用になるプレーヤーの取扱説明書をご覧ください。

◎このディスクは特定の国や地域でのみ再生できるように作製されています。したがって、販売対象として表示されている国や地域以外で使用することはできません。各種機能についての操作方法は、お手持ちのプレーヤーの取扱説明書をご覧ください。

◎このタイトルは、１６：９画面サイズで収録されています。

◎このディスクは家庭内観賞用にのみご使用ください。このディスクに収録されているものの一部でも無断で複製（異なるテレビジョン方式を含む）・改変・転売・転貸・上映・放送（有線・無線）することは厳に禁止されており、違反した場合、民事上の制裁および刑事罰の対象となることもあります。

| | | | | |
|---|---|---|---|---|
| 73min | 片面一層 | COLOR | MPEG2 | 複製不能 |

16:9　2 NTSC 日本市場向け　DOLBY DIGITAL

DOLBY is trademark of Dolby Laboratories Licensing Corporation.

**取り扱い上のご注意**

◎ディスクは両面とも、指紋、汚れ、傷などをつけないように取り扱ってください。ディスクは指紋などによるちょっとした汚れや傷で、画像が乱れ、音質が低下し、再生できなくなることがあります。また、ディスクに対して大きな負荷がかかると微小な反りが生じ、データの読み取りに支障をきたす場合もありますのでご注意ください。

◎ディスクが汚れたときは、メガネふきのような柔らかい布を軽く水で湿らせ、内側から外側に向かって放射状に軽くふき取ってください。レコード用クリーナーや溶剤などは使用しないでください。

◎ディスクは両面とも、鉛筆、ボールペン、油性ペンなどで文字や絵を書いたり、シールなどを貼付しないでください。

◎ひび割れや変形、または接着剤などで補修されたディスクは、危険ですから絶対に使用しないでください。また、静電気防止剤やスプレーなどの使用は、ひび割れの原因となることがあります。

**保管上のご注意**

◎使用後は、必ずプレーヤーから取り出し、付属のシートに収めて、直射日光の当たる場所や自動車の中など高温多湿の場所は避けて保管してください。

**視聴の際のご注意**

◎明るい場所で、なるべくテレビ画面より離れてご覧ください。長時間続けての視聴は避け、適度に休憩をとってください。

Introduction

# 始める前に

CHECK LIST

- □ドクターと相談してから始めましょう
- □体調が悪いときはお休みしましょう
- □食後すぐや入浴中、入浴直後は行わない
- □体が安定する、スムーズに動ける場所で行う
- □ベビーに無理強いはしない

など

ママとベビーはお腹の中にいても、誕生してからも、深い絆で繋がっています。ママのリズムが整っていると、ベビーも心地よく過ごす時間が多くなります。ママにとって産後すぐは、肉体的にも精神的にも大変な時期です。ホルモンバランスの乱れや寝不足、毎日続くベビーのお世話でリズムが乱れがちです。リズム呼吸を繰り返すと、心身が落ち着き、産後うつやマタニティブルーにも効果的で、頭と心がスッキリと整いやすくなります。ベビーと触れ合いながらこの呼吸法を繰り返すと、ママもベビーもお互いのエネルギーの流れがよくなります。

ママのあたたかなお腹の中で育ったベビーは、出産という大きな経験を得て、生まれた瞬間に明かりや刺激を受けます。安定した子宮から子宮外への生活に慣れる為に、そしてベビーの健やかな成長のために、ベビーのためのリズムケアを５つご紹介します。ママとベビーの両方のリズムケアを実践して、子育てを楽しんでください。

**Preparation 2**

ベビーに触れる前に

# ママのリズム呼吸

## 手を広げた呼吸

基本の姿勢で手首を振ったり回したりして、首や肩の力を十分に抜き、胸の前で合掌。

胸を広げる呼吸法。鼻から息を吸いながら、手を頭上へ、ゆっくりと引き上げていきます。

手のひらを返して、鼻から息を吐きながらゆっくりと両手を広げて下ろしていきましょう。

息を吸いながら再び手を頭上へ。最後に頭上で合掌したら、吐く息で胸の前に下ろします。

## 熱の呼吸

手の平で熱を感じる呼吸法。目を閉じて合掌し、吸う息で手に集中。吐く息でゆるめます。

手の力を抜き、指先をゆるめたら、両手を前後させながら円を描くようにゆっくり回します。

手を回したまま吐く息が長い呼吸を繰り返す。ゆっくりと合掌し、いいリズムを感じ取ります。

# PART 1

体も心も安定した子に育つように

# ベビーケアの基本

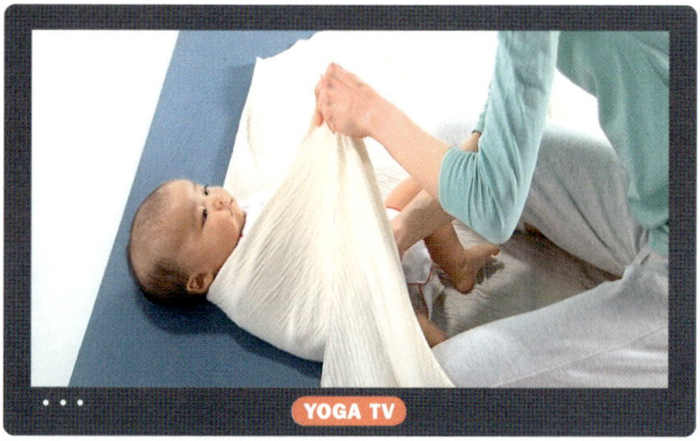

産まれたその日から行うと効果的な「きゅきゅっとおくるみ」は、ベビーにとって子宮の中にいるように心地よいもの。ストレッチ性のある大きなおくるみで包んであげると、安心してぐっすりすやすや。寝かしつけがとても楽になります。向き癖の調整や正しい姿勢を作るためにも有効です。※「ハンモックゆらゆら」を行うときは、ふとんやマットレスなど、柔かい場所の上で行いましょう。

### オーガニックコットン製が◎

ベビーの体を優しくしっかりと包み込む、ストレッチ性の高いものを選びましょう。素材は、肌の未熟な赤ちゃんのためにオーガニックコットン素材のものをおすすめします。
(写真)Fairicaオリジナルおくるみ。¥6750
(www.fairica.com/products)

## きゅっときゅっとおくるみ大解剖!

ベビーが産まれてすぐできるように、産前から練習しておきましょう。
大泣きしていても動じずにしっかり包むのがいちばんのポイントです。

1. 一辺1m以上のおくるみを、てっぺんの角が中心にくるように内側に折る。
2. 折り曲げたラインの上にベビーの首がくるように仰向けに寝かせる。
3. ベビーの右腕をまっすぐに伸ばし、体のワキに添わせる。
4. おくるみを右肩から左腰に向かって、密着させてななめ下に引っ張る。
5. 巻いたおくるみをベビーの背中の下に、抜けないように入れ込む。

**POINT** 右腕がほどけないように、しっかりと引っ張ってOK。

6. 左手でベビーを押さえ、右手でおくるみを右斜め下へきゅっと引っ張る。

**POINT** 自然にあぐらをかかせて足先をお腹に近づけ、背中は丸い状態に。

7. 両足をお腹に近づけたまま、おくるみの下の角を持ち上げて。
8. 足は自由に動けるようにして、おくるみは左肩のほうへもっていく。
9. ベビーの左腕をまっすぐに脇に伸ばし、左肩を覆うように肩下に入れ込む。
10. 左手でベビーを押さえて、右手で左肩下にあるおくるみを持つ。
11. 持ったおくるみを左斜め下に引っ張りながら折り、左腕をきゅっと締める。
12. 余ったおくるみを引っ張り、背中の丸みをキープしたまま巻きつける。
13. 首に気をつけながら、おくるみを背中からぐるりと巻いて、引っ張る。
14. おくるみの端を引っ張りながら、胸元のあたりに入れ込んでできあがり!

DVDでは本当のベビーで行っています!

ヨガの基本 / ママのリズムヨガ / マタニティヨガ / 産後ヨガ / ベビーヨガ

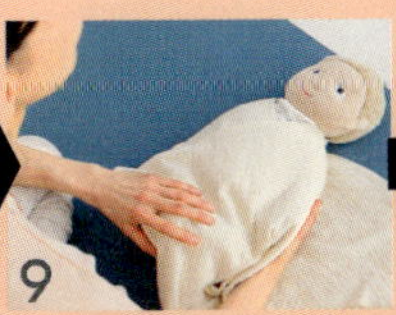

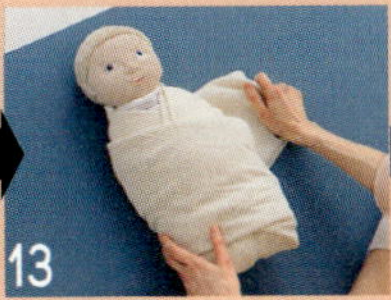

# PART 2
## 産まれてすぐからの
## ベビー
## リズムヒーリング

この世に誕生したベビーは、触れ合いによって自分の体を知り、アイコンタクトをしてもらう事で、心がとても満たされていきます。出産時に産道を通った経験や毎日の新しい経験により、ベビーの体と心は緊張しがちです。ママの呼吸を深めながら、あたたかな手で優しく触れてあげるとベビーの緊張が和らぎ、安心感に包まれます。深い呼吸でママ自身のリズムを整えながら、ベビーのリズムも整えるヒーリングは親子の絆、愛情を深め合い、同時にベビーの体のバランスや姿勢も整えることのできる素晴らしいものです。

# PART 3
## 生後2～3週目からの
# ベビー リズムヨガ

産まれて間もないベビーは思うように動けず、仰向けで寝たままの状態です。小さなベビーを安全に優しく動かす事で、脳や内臓、神経系、免疫系等の機能を高め、姿勢をよくし、健やかな発育を促します。ヨガは刺激を与える事と、ゆるめてあげることを交互にやる事で、体や心のバランスが整いやすくなります。便秘や疝痛《せんつう》、消化不良、ぐずりや夜泣き等にも効果的で、睡眠の質も高まります。ヨガの後は親子一緒に体と心を静め、深いリラクセーションを味わって。リラックスすることで、新たな活力が湧いてきます。

# PART 4

## 生後8週目からの ベビー リズムマッサージ

　ベビーと心地よく触れ合い、楽しくコミュニケーションを取りながら、体、心、脳の発達を促しましょう。子宮の中で丸くなっていた体を少しずつ開いていき、背骨を強く、関節をしなやかに、強さと柔らかさのバランスがとれた体へ成長できるように促します。ベビーは成長とともにいろいろな経験をしていきますが、その刺激による緊張もマッサージで解きほぐしてあげると、情緒が安定し、体の機能も健やかに整っていくでしょう。植物性のオイルを使うことで、ベビーの肌を守り、成長に必要な熱を持たせてくれます。

# ベビーヨガ Q&A

## Q ベビーのケアやヨガ、マッサージはパパがやってもいいですか？

**A** もちろんです。パパは小さなベビーを触る事が最初は不安かもしれませんが、アイコンタクトして触れ合う事で、パパのベビーへの愛情が深まり、ベビーもパパを感じ、絆が深まります。慣れてきたらパパとベビーと二人だけの時間に。その間ママはリラックスする時間を作りましょう。

## Q ヒーリング、ヨガ、マッサージはいつの時間帯がいいですか？

**A** 基本的におくるみは眠るときに、それ以外のケアは、時間がゆったり取れるベビーが起きているときに。生活のリズムを整える為にも、朝と夜と区別がつく環境を整えてあげましょう。時間を決めて行うと、その時間をベビーは楽しみにしてくれるようにもなりますよ。

## Q きゅきゅっとおくるみは一日中しても大丈夫？

**A** 授乳やおむつ替えの際、おくるみから出してあげるので、寝ている時間におくるみしている分は問題ないでしょう。暑い夏の時期は眠ったらとってあげると安心。起きているときはうつ伏せやヒーリング、ヨガ、マッサージなどで触れ合って、体を動かしてあげてくださいね。

## Q きゅきゅっとおくるみはいつまでやって大丈夫？

**A** きゅきゅっとおくるみは産まれてすぐからやってあげましょう。産まれてすぐのベビーは眠りが浅く、ちょっとした刺激にも敏感。寝かしつけが楽になり、睡眠の質が向上します。基本的に４ヵ月くらいまでが目安ですが、それ以降もふわっとおくるみするだけでも安心してくれます。

# マッサージオイルについて

ベビーリズムマッサージを行う際は純粋な植物性のオイルを使って。
血液やリンパの流れを促して免疫力を高め、未熟な肌を保護します。

化粧水みたいにサラサラのテクスチャー。ラベンダーやマンダリンが優しく香る。エルバビーバ ベビーオイル 125ml ￥2800／スタイラ

アーモンド油などに保護力と肌荒れ防止効果に優れたカレンドラを配合。カレンドラ ベビーオイル 200ml ￥2500／ヴェレダ・ジャパン

心地よくのびて浸透性が高く、後肌はサラサラと快適。ほんのりと優しい香り。ボンポワン ソフトオイル 125ml ￥4800／steady study

生セサミオイルが主役。柑橘系のフルーツやミント、ゼラニウムが癒し効果満点。ママベビー オーガニックオイル 60ml ￥3800／nanadecor

アーモンド油やホホバ油がメイン。無香料で目にしみるような成分も不使用。ウルテクラム ベビーオイル 100ml ￥3600／おもちゃ箱

ラベンダーやゼラニウムなどのオーガニックエッセンシャルオイル配合。ピジョンオーガニクス ベビーオイル 50ml ￥1500／ピジョン

※価格はすべて本体価格です。

**CHECK!**

### 必ずパッチテストを行ってから使いましょう

ベビーマッサージに使用するオイルは、ベビーにアレルギーが出ないかをチェックするために、必ず最初にパッチテストを行いましょう。オイルをママの指に少しつけてから、ベビーの腕や脚の内側に、10円玉くらいの大きさに塗ります。そのまま15分ほど放置して様子を見ましょう。赤みや湿疹が出たり、他に何か異変がなければ大丈夫でしょう。また、オイルは空気に触れると酸化が進みます。ボトルを一旦開封したら、なるべく早く使い切って。

## 撮影に協力してくださった方々

北澤亜紀さん

静田奈穂さん

川又悦子さん、彩空ちゃん

上　明子さん、瑛蓮ちゃん

高　麻里奈さん、龍馬くん

小松喜代江さん、みなちゃん

佐藤亜矢さん、和也くん

佐藤真由美さん、樹くん

シャイ真紗貴さん、慧くん

二宮久弥さん、くららちゃん

野里祐子さん、梨央ちゃん

野島美奈子さん、すみれちゃん

藤江恭子さん、れいあちゃん

藤原早紀さん、梨奈ちゃん

堀内祐子さん、翔太くん

吉田英美さん、篤隆くん

## 協力店リスト

**【マッサージオイル】**

| | |
|---|---|
| ヴェレダ・ジャパン | ☎0120-070-601 |
| スタイラ(エルバビーバ) | ☎0120-207-217 |
| おもちゃ箱(ウルテクラム) | ☎03-3759-3479 |
| steady study(ボンポワン) | ☎03-5469-7710 |
| nanadecor | ☎03-6434-0965 |
| ピジョン | ☎03-5645-1188 |

**【衣　装】**

| | |
|---|---|
| ボンポワンブティック代官山店 | ☎03-5459-2218 |

# さいごに

スタジオ マータに通う妊婦さんのなかには、お仕事をしながら週末に通われている方がたくさんいらっしゃいます。マタニティヨガを受けるときは、仕事のことや日々のことから離れて、ベビーのことと自分のことを愛おしく感じる時間にしてもらっています。マタニティヨガもベビーケアも、母と子がゆったりと、ふたりの時間を過ごす事を大切にしています。お腹の中にいても、産まれてからも、ベビーは自分に向き合ってくれる特別な時間を感じとり、満たされていくと言われています。

体をバランスよく動かし､心地よい呼吸を繰り返すと、自然と自分の本来のリズムが整って心が静まってきます。呼吸をしながら、自分の胸やお腹に手を当てて、自分のリズムを感じ取ってみてください。このリズムはお腹のベビーとのリズムであり、ベビーが産まれてからもこのリズムを感じることで深い絆が生まれ、親も子も情緒が安定し、日々の忙しい生活の中でも気持ちに余裕が生まれ、心穏やかに幸せな気持ちになれることでしょう。

ベビーのケアは特別なテクニックは重要ではありません。ママとベビーが気持ちよく触れ合って、ベビーを大切に思う気持ち、大好きな気持ち、一緒にいて嬉しい気持ちを伝えてください。その気持ちをベビーは感じ取ります。ベビーがママを思う気持ちも受け取ってあげてくださいね。

小さなベビーはいつも母親を求めています。そして、育児を頑張る母親も、かわいい我が子からの愛情を必要としています。そこに生まれる純粋な愛はとても美しいものです。満たされた気持ちで育ったベビーがいずれ大きくなり、新しい時代を作っていきます。これからの未来がとても楽しみになります。

妊娠、出産、産後の女性として素晴らしい時期を、心豊かに大切に過ごすことが出来ますように。

子供たちの輝かしい未来を願って。

浜田里佳

**浜田里佳（はまだ・りか）**
ヨガインストラクター。
モデルとして活躍しながら、ヨガや気功、整体やアーユルヴェーダ、マクロビオティックなどを学ぶ。2003年よりヨガの指導をスタート。ヨガ専門誌ほか、女性誌やテレビ等で活躍。2012年に東京・恵比寿にヨガスタジオ「Studio Mata」をオープン。ママになるためのヨガ、マタニティヨガ、産後ヨガ、ベビーヨガが人気で予約がなかなか取れないと評判。ヴェレダジャパン認定　ベビーリズムオイリングインストラクター。ピーター・ウォーカー認定　ベビーヨガ・キッズヨガ・産後ヨガインストラクター。

Studio Mata（スタジオ マータ）
東京都渋谷区恵比寿 1-30-15 site202
mata@fairica.com
www.fairica.com

監修／森田俊一
（日本マタニティ・ヨーガ協会）

撮影／浜村菜月
DVD 制作／江頭徹、山口隆司、林佳多
音楽協力／織原洋子
ヘアメイク／増淵聡美（ZACC）
デザイン／藤井聖子（La Chica）

講談社の実用BOOK
**不安《ふあん》なく産《う》む**
**（DVDつき）産《さん》前《ぜん》産《さん》後《ご》のリズムヨガ**
**妊娠《にんしん》4ヵ月《げつ》から産後《さんご》まで**

---

2014年10月28日　第１刷発行
2014年12月２日　第２刷発行

著者　浜田里佳《はまだりか》
©Rica Hamada 2014, Printed in Japan
発行者　鈴木 哲
発行所　株式会社 講談社

〒112-8001
東京都文京区音羽2-12-21
編集部　☎03-5395-3529
販売部　☎03-5395-3625
業務部　☎03-5395-3615

印刷所　大日本印刷株式会社
製本所　大口製本印刷株式会社

落丁本・乱丁本は購入書店名を明記のうえ、小社業務部あてにお送りください。
送料小社負担にてお取り替えいたします。
なお、この本についてのお問い合わせは、生活文化第二出版部あてにお願いいたします。
本書のコピー、スキャン、デジタル化等の無断複製は、
著作権法上での例外を除き禁じられています。
本書を代行業者等の第三者に依頼してスキャンやデジタル化することは、
たとえ個人や家庭内の利用でも著作権法違反です。
価格はカバーに表示してあります。
ISBN978-4-06-219077-0